21世纪应用型创新实践实训教材

财务软件实训教程

——基于金蝶K/3 Cloud

赵耀忠　蒲　实◎主　编

清華大學出版社
北　京

内容简介

本实训教程基于金蝶 K/3 Cloud 最新教学平台，结合海天电子科技有限公司的模拟案例，对公司业务从业务场景、操作人员、业务数据和实验指导四个维度来指导实验操作。全书共 11 章，包括：实验案例背景介绍，总账核算业务系统，应收管理、应付管理、出纳管理、固定资产、库存管理、采购管理、销售管理业务系统，存货成本核算系统，报表系统。

本书内容通俗易懂，图文并茂，注重实践操作，配备课件和练习题，使读者能够学以致用。本书适合作为普通高等院校财务管理、财务会计、管理会计相关专业开设的财务软件应用等课程的教材，也可供财会人员学习参考。

图书在版编目(CIP)数据

财务软件实训教程：基于金蝶 K/3 Cloud/赵耀忠，蒲实主编. —北京：清华大学出版社，2021.12
21 世纪应用型创新实践实训教材
ISBN 978-7-302-58682-1

Ⅰ. ①财… Ⅱ. ①赵… ②蒲… Ⅲ. ①财务软件—教材 Ⅳ. ①F232

中国版本图书馆 CIP 数据核字(2021)第 142610 号

责任编辑：高晓蔚
封面设计：汉风唐韵
责任校对：宋玉莲
责任印制：刘海龙

出版发行：清华大学出版社
网　　址：http://www.tup.com.cn，http://www.wqbook.com
地　　址：北京清华大学学研大厦 A 座　　**邮　　编**：100084
社 总 机：010-62770175　　**邮　　购**：010-62786544
投稿与读者服务：010-62776969，c-service@tup.tsinghua.edu.cn
质量反馈：010-62772015，zhiliang@tup.tsinghua.edu.cn
印 装 者：北京同文印刷有限责任公司
经　　销：全国新华书店
开　　本：185mm×260mm　　**印　张**：12　　**字　　数**：242 千字
版　　次：2021 年 12 月第 1 版　　**印　　次**：2021 年 12 月第1次印刷
定　　价：45.00 元

产品编号：086910-01

序

国家"互联网+"战略的实施加速了"大智移云"时代的到来，给经济活动和社会发展带来深远影响。企业财会工作向信息化、智能化转变，财会工作岗位所要求的理论素养和实践技能也随之发生深刻变革。这一变革对于高等院校人才的培养模式、教学改革以及学校转型发展都提出了新的要求。自2015年起，上海市教育委员会持续开展上海市属高校应用型本科试点专业建设工作，旨在提高学生综合素质，增强学生创新和实践能力。

上海海事大学会计学专业始创于1962年，是恢复高考后于1978年在上海市与原交通部所属院校中率先复办的专业，以会计理论与方法在水运行业的应用为特色。进入21世纪后，上海海事大学会计学专业对会计人才的培养模式进行了全方位的探索与实践，被列入上海市属高校应用型本科试点专业建设，将进一步促进专业的发展，增强专业的应用特色。

教材是实现人才培养目标的重要载体，依据"应用型本科试点专业"的目标定位与人才培养模式的要求，上海海事大学经济管理学院组织编撰"21世纪应用型创新实践实训教材"。本系列教材具有以下特点。

(1) 系统性。本系列教材不仅涵盖会计学专业核心课程的实践技能，还涵盖管理学、经济学和统计学等学科基础课程的实践技能，并注重课程之间的交叉和衔接，从不同维度培养学生的实践应用能力。

(2) 真实性。本系列教材的部分内容来源于企业的真实资料，例如：《中级财务会计实训教程》《成本会计实训教程》《审计学实训教程》的资料来源于某大型交通制造业企业；《财务软件实训教程》的资料来源于财务软件业知名企业；《财务管理实践教程》的资料来源于运输企业。

(3) 创新性。本系列教材在内容结构上进行了新的探索与设计，突出了按照会计岗位对应实践技能需求的特色，教学内容得到了优化整合。

(4) 校企融合性。本系列教材的编撰人员具有丰富的教学和实践经验，既有双师型高校教师，也有企业会计实务专家。

相信本系列教材的出版，在更新知识体系、增强学生实践创新能力、培养应用型人才等方面能够发挥预期的作用，提升应用型本科试点专业的建设水平。

2020年7月

前言

随着互联网技术的不断发展，借助于互联网的各种技术也在不断升级转变，很多企业都在积极开发各种新技术以适应时代的需要，云计算、大数据、人工智能、区块链等技术的逐渐渗透，给现代企业的财务工作带来了颠覆性的影响和改变，一直以来以核算为核心的传统财务模式受到了巨大冲击，准则导向、重复性的财务会计工作越来越多地被人工智能机器所取代。与此同时，在自动化、智能化的信息系统平台支撑下，管理会计应用的深度和广度也在不断提升，直接或间接地迫使企业的财务模式从单一的核算向综合的智能的管理模式转化，智能财务管理系统使得企业对数据加工和展现以及进行智能决策和分析成为可能。

在第七届中国管理全球论坛暨金蝶用户大会上，金蝶公司管理层明确提出：数字化技术不等于数字化转型，数字化转型一定要包含数字化技术＋管理重构，这样企业才能实现真正整体的数字化转型，同时在财务领域，今天的财务信息化也早已超越了会计电算化的范围，进入了人工智能的时代。金蝶财务机器人，实际上不仅仅是逐渐取代人工和基于预测规则流程化的机器人，而是已经具备从发票、单据识别到凭证自动登录，到账簿和报表自动生成功能的智能作业机器人，是具备“听”“说”“读”“写”“行”等多方面能力的真正机器人，未来必将被广泛应用于企业的财务领域，是整个金蝶云的最底层服务和基础。人工智能时代的财务工作呈现出以下主要特点。

首先，基础财务的工作模式被财务共享中心所替代。在财务会计工作中，通常财务人员的基础核算工作要占到日常工作的70%以上，而业务财务和战略财务的工作占比较低。为此，越来越多的企业开始通过共享业务中心(shared service center，SSC)将集团范围内的基本财务职能集中到一起，向各个业务单元提供高质量、低成本的标准化服务。同时，原先的财务人员被分化为高端财务决策人员、业务财务人员和SSC财务人员。共享是一种管理变革，因为它不是简单的集中、集成和集约，而是企业发展战略、业务战略、组织战略、人才战略、技术战略、经营战略综合变革的产物。

其次，全面数字化时代的来临。从企业财务的角度看，涉及财务会计、管理会计的生态整体以及企业自身都将数字化，未来的场景非常清晰：财务信息即时性需求和碎片化的现实，需满足更加细致的财务核算多层次需求；财务管控不断优化创新；财务服务共享化，以满足迅速发展的移动场景下人人财务及财务服务的要求；财务服务“云”化，以满足企业快速财务能力构建等渠道的转变；整体的数字化财务支撑企业向数字化迈进，以此来提升企业核心竞争力。

最后,数字化时代背景下,财务软件的应用也从最初的会计电算化(PC时代),到财务信息化(网络计算时代),再到财务智能化(云计算时代)。云计算必然成为这个时代的选择,金蝶软件也从最初的DOS财务软件转向Windows财务软件,再从财务软件转型做企业ERP软件,然后到云服务,历经三次"蝶变",一直以技术创新作为企业的核心竞争力,始终站在中国企业财务服务市场的第一梯队。

金蝶K/3 Cloud是互联网时代的新型ERP软件,是基于Web2.0与云技术的具有"标准、开放、社交"三大特性的系统,为企业提供开放的ERP云平台。技术架构上该产品采用平台化构建,支持跨数据应用,支持本地部署、私有云部署与公有云部署三种部署方式,同时还在公有云上开放中国第一款基于ERP的云协同开发平台,可深度且超预期支撑企业管理创新、技术创新、服务转型、内外部协同、核心竞争力再造等核心需求。

本实训教程是基于金蝶K/3 Cloud平台,结合海天电子科技有限公司这个模拟案例的相关业务在此平台上的操作而编写的,对公司业务从业务场景、操作人员、业务数据和实验指导四个维度进行实验操作。这样的编写主要是让读者能迅速进入角色,对公司发生的业务能在软件上直观地处理,以提高实战能力。为了便于读者巩固所学知识,本书还配有相关课件和练习题。

本书编写出版受到上海市属高校第五批应用型本科试点专业(上海海事大学会计专业)建设经费支持,在此表示感谢。

由于编者水平有限,书中难免存在错误与不足之处,恳请读者给予批评指正。

编　者

2021年9月

目录

第一章

实验案例背景介绍

学习目标

- 了解海天电子科技有限公司的基本业务和组织形式。
- 掌握金蝶 K/3 Cloud 软件之新建数据中心、搭建组织机构、设置基础资料控制策略、设置操作用户及授权、维护主数据资料的具体操作。

本案例通过模拟实体企业“海天电子科技有限公司”的业务，体验多组织运作模式以及财务管理的精细化作业流程。

海天电子科技有限公司是一家集生产、销售为一体的多法人、多工厂、多利润中心经营的高新技术公司，海天电子科技有限公司主要经营的产品为品牌电脑和组装电脑，营业收入约 2 亿元，员工 1 000 余人。

海天电子科技有限公司(为便于区分，后文有时称为海天电子科技总公司)下属两个法人：海天科技公司、销售公司。海天科技公司是法人公司，下设两个产品事业部：品牌电脑事业部和组装电脑事业部，主要负责产品的生产及组装。销售公司也为法人公司，下设销售公司上海分公司，负责具体的产品销售业务，销售公司向两个产品事业部订货，同时需要进行组织间内部结算。

1.1 公司组织架构

1. 按照课程设置要求，正式实训前需要把公司的基本资料，如公司组织架构、人员配备等一些业务基础数据先行介绍。企业组织架构如图 1.1 所示。

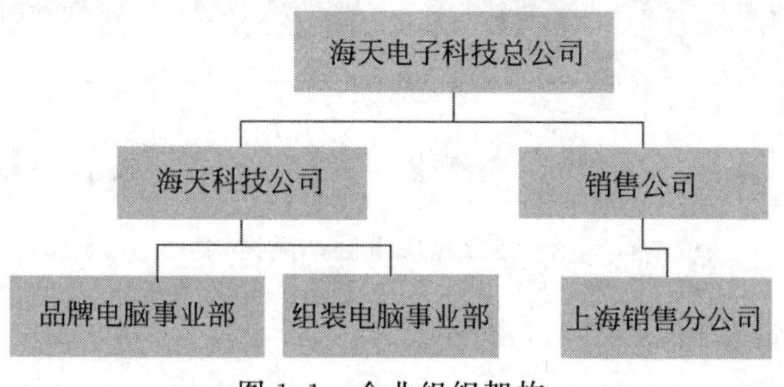

图 1.1 企业组织架构

2. 公司组织业务职能，如表 1.1 所示。

表 1.1　公司组织业务职能

组　织	职　责	业务职能
海天电子科技总公司	总公司法人，负责下属子公司合并业务核算，但不参与任何企业的具体业务。	无
海天科技公司	子公司法人，负责下属产品事业部合并业务核算，不参与任何企业的具体业务。	无
品牌电脑事业部	电子硬件事业部，作为独立的利润中心，参与业务处理，包括采购、生产、结算等业务，拥有资金管理权限和资产管理权限。	采购职能、库存职能、工厂职能、结算职能、收付职能、资金职能、资产职能、质检职能。
组装电脑事业部	软件事业部，作为独立的利润中心，参与业务处理，包括采购、生产、结算等业务，拥有资金管理权限和资产管理权限。	采购职能、库存职能、工厂职能、结算职能、收付职能、资金职能、资产职能、质检职能。
销售公司	销售公司，作为独立的法人，参与销售公司的业务处理，包括销售、采购、结算、资产等业务。	采购职能、库存职能、销售职能、结算职能、收付职能、资产职能、资金职能、质检职能。
上海销售分公司	上海销售分公司，参与销售公司的业务处理，包括销售、采购、结算、资产等业务。	采购职能、库存职能、销售职能、结算职能、收付职能、资产职能、资金职能、质检职能。

1.2　公司产品结构

1. 品牌电脑产品结构，如图 1.2 所示。

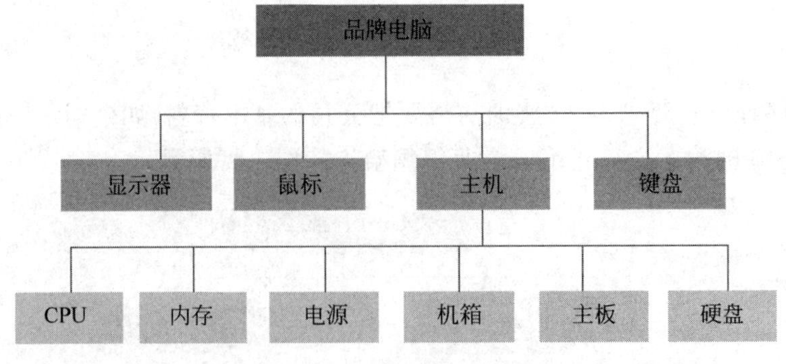

图 1.2　品牌电脑产品结构

2. 组装电脑产品结构，如图 1.3 所示。

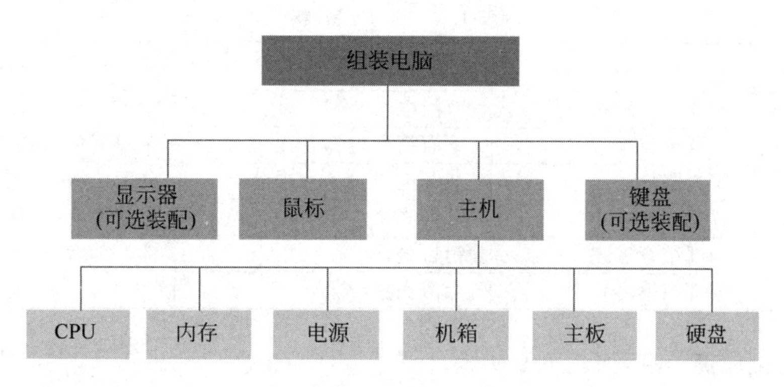

图 1.3　组装电脑产品结构

1.3　公司组织信息

1. 公司编码、组织名称、组织形态、所属法人和核算组织类型信息，如表 1.2 所示。

表 1.2　公司组织信息表

编　码	组织名称	组织形态	所属法人	核算组织类型
100	海天电子科技总公司	总公司	海天电子科技总公司	法人
101	海天科技公司	公司	海天科技公司	法人
101.01	品牌电脑事业部	事业部	海天科技公司	利润中心
101.02	组装电脑事业部	事业部	海天科技公司	利润中心
102	销售公司	公司	销售公司	法人
102.01	上海销售分公司	公司	销售公司	利润中心

2. 海天科技公司对品牌电脑和组装电脑两个事业部进行统收统支并托管其资产，如表 1.3 所示。

表 1.3　业务关系表

业务关系	委托方	受托方
委托收付	品牌电脑事业部	海天科技公司
	组装事业电脑部	海天科技公司

1.4　公司基础业务数据信息

1. 公司客户信息，如表 1.4 所示。

表 1.4 客户资料

客户编码	客户类别	客户名称	基础资料分配策略
001	普通销售客户	西门电子公司	客户资料由销售公司创建，分配给海天科技公司、品牌电脑事业部、组装电脑事业部、上海销售分公司使用
002	普通销售客户	上海清文电器有限公司	
003	寄售客户	江苏电子设备有限公司	
004	普通销售客户	深圳惠慕电器有限公司	
005	内部结算客户	销售公司	
006	内部结算客户	上海销售分公司	

2. 公司供应商信息，如表 1.5 所示。

表 1.5 供应商资料

供应商编码	供应商类别	供应商名称	基础资料分配策略
001	普通采购	汕头电子零部件有限公司	供应商资料由海天科技公司创建，分配给品牌电脑事业部、组装电脑事业部、销售公司和上海销售分公司使用。
002	普通采购	苏州电子制造厂	
003	普通采购	惠州电子加工厂	
004	普通采购	海天科技公司	
005	普通采购	品牌电脑事业部	
006	普通采购	组装电脑事业部	

3. 公司部门信息，如表 1.6 所示。

表 1.6 部门资料

创建组织	部门编码	部门名称	部门属性
海天科技有限公司	1.01	管理部	管理部门
	1.02	财务部	管理部门
	1.03	生产物流部	生产部门
品牌电脑事业部	1.04	生产物流一部	生产部门
	1.05	财务一部	管理部门
组装电脑事业部	1.06	生产物流二部	生产部门
	1.07	财务二部	管理部门
销售公司	2.01	销售管理部	管理部门
上海销售分公司	2.02	上海销售分部	管理部门

4. 公司员工信息，如表 1.7 所示。

表 1.7 员工资料

用户名称	用户密码	职位	组织	角色
李颖	666666	信息管理员	所有组织	全功能权限
王菊	666666	总公司会计	海天科技总公司	会计
李杰	666666	海天科技公司会计	海天科技公司	会计
晓宇	666666	海天科技公司财务主管	海天科技公司	财务经理
王岳	666666	海天科技公司出纳	海天科技公司	出纳

续表

用户名称	用户密码	职位	组织	角色
华蓝	666666	海天科技公司采购	海天科技公司	采购员
张娜	666666	销售公司会计	销售公司	会计
朱玉	666666	销售财务主管	销售公司	财务经理
张乐	666666	销售出纳	销售公司	出纳
马钧	666666	销售公司销售员	销售公司	销售员
史伟	666666	销售公司仓管员	销售公司	仓管员
丁武	666666	品牌电脑事业部会计	品牌电脑事业部	会计
王俊	666666	品牌电脑事业部出纳	品牌电脑事业部	出纳
王莉	666666	品牌电脑事业部仓管员	品牌电脑事业部	仓管员
杨静	666666	组装电脑事业部会计	组装电脑事业部	会计
张宇	666666	组装电脑事业部出纳	组装电脑事业部	出纳
孙佳	666666	组装电脑事业部仓管员	组装电脑事业部	仓管员
顾峻	666666	组装电脑事业部采购员	组装电脑事业部	采购员
倪丹	666666	上海销售分公司会计	上海销售分公司	会计
管彤	666666	上海销售分公司出纳	上海销售分公司	出纳

5. 公司物料信息，如图 1.8 所示。

表 1.8 物料资料

物料编码	物料名称	物料属性	计量单位	所属仓库	基础资料分配策略
01	原材料				物料信息由海天科技有限公司创建，分配给品牌电脑事业部和组装电脑事业部以及销售公司和上海销售分公司使用
01.001	CPU	外购/原材料	个	原料仓	
01.002	硬盘	外购/原材料	个	原料仓	
01.003	电源	外购/原材料	套	原料仓	
01.004	内存条	外购/原材料	个	原料仓	
01.005	机箱	外购/原材料	个	原料仓	
01.006	主板	外购/原材料	个	原料仓	
02	半成品				
02.001	显示器	自制/半成品	台	半成品仓	
02.002	显示器(可选装配)	外购/原材料	台	原料仓	
02.003	主机	自制/半成品	台	半成品仓	
02.004	鼠标	自制/半成品	个	半成品仓	
02.005	键盘	自制/半成品	个	半成品仓	
02.006	键盘(可选装配)	外购/原材料	个	原料仓	
03	成品				
03.001	品牌电脑	自制/半成品	台	成品仓	
03.002	组装电脑	自制/半成品	台	成品仓	

6. 公司计量单位信息,如表 1.9 所示。

表 1.9 计量单位

计量单位组	默认计量单位	辅助计量单位
数量组 1	个	件
数量组 2	台	批

7. 公司仓库信息,如表 1.10 所示。

表 1.10 仓库信息

仓 库	仓库属性	基础资料分配策略
原料仓	普通仓库	仓库基础资料类型设置为共享,所有组织都可使用
半成品仓	普通仓库	
成品仓	普通仓库	

1.5 实验模拟——系统设置

本章实验包括:

实验 1 新建数据中心

实验 2 搭建组织机构

实验 3 设置基础资料控制策略

实验 4 设置操作用户及授权

实验 5 维护主数据资料

实验 1 新建数据中心

金蝶 K/3 Cloud 数据中心是经济实体业务数据的载体,支持 SQL Server 和 Oracle 两种数据库类型,并可以根据数据中心设置系统时区,在使用金蝶 K/3 Cloud 系统之前,必须先建立存储业务数据的数据中心。

1. 业务场景

在实验室环境下,金蝶 K/3 Cloud 软件已经安装完毕,安装完毕后,在电脑桌面上就会出现“金蝶 K/3 Cloud 管理中心”和“金蝶 K/3 Cloud”两个桌面快捷图标,如图 1.4 所示。“金蝶 K/3 Cloud 管理中心”是在负责数据中心管理和维护时点击打开,如图 1.5 所示;“金蝶 K/3 Cloud”是进行业务处理时点击打开,如图 1.6 所示。现在即将准备使用金蝶 K/3 Cloud 软件。

图 1.4　金蝶 K/3 Cloud 桌面快捷图

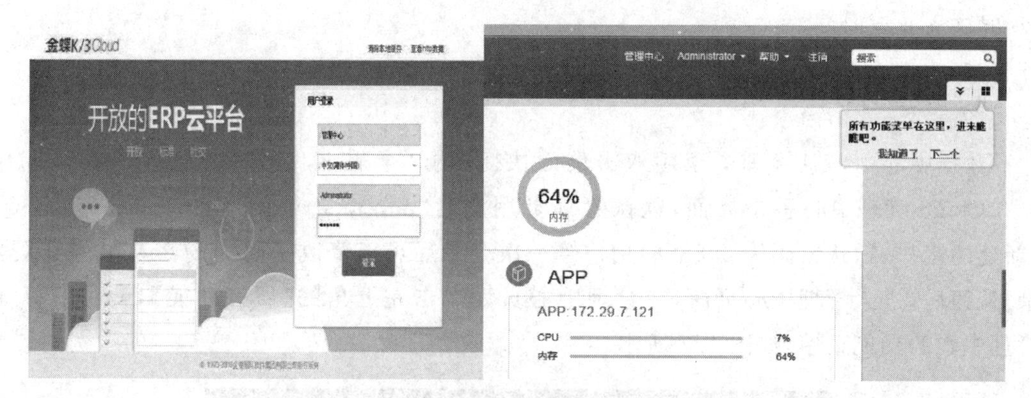

图 1.5　金蝶 K/3 Cloud 管理中心登录界面

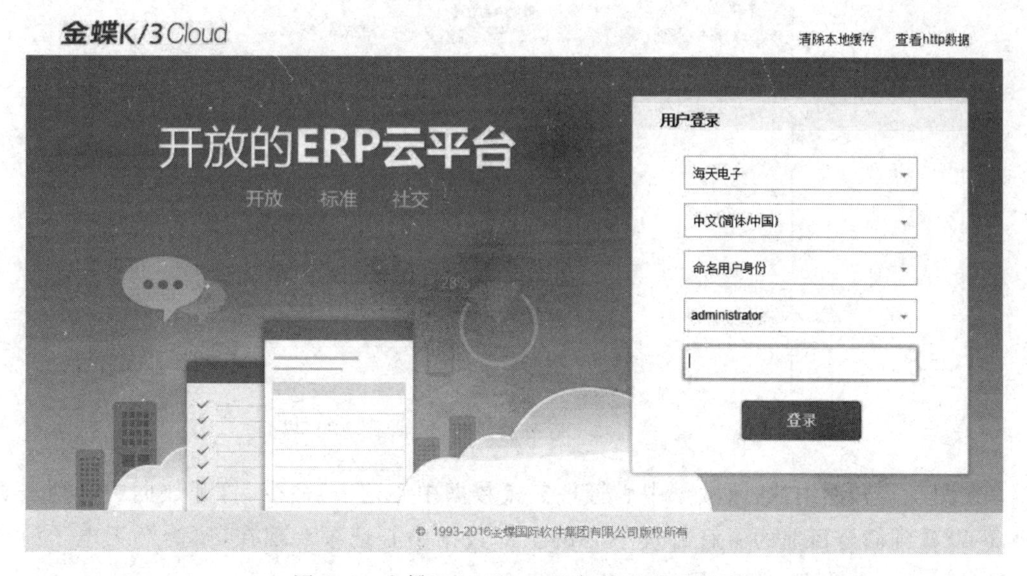

图 1.6　金蝶 K/3 Cloud 业务处理登录界面

2. 操作人员

公司数据中心的设立可以由信息系统部的人员或财务人员兼做，在海天电子科技总公司，新建数据中心由信息管理员李颖负责。实验前，需要了解准备使用的系统，确定数据中心类别，数据库服务器路径，拟采用的数据库类型、身份验证方式和系统时区。

3. 业务数据

海天电子科技有限公司于 2018 年 5 月正式使用金蝶 K/3 Cloud 系统,使用系统标准的业务功能,所以数据中心类别选择“标准业务库”。设置账套号为“201805”;账套名称为“海天电子科技总公司”;拟采用 SQL Server 2008 数据库,选择 SQL Server 2008 身份验证,数据库管理员和登录用户为“sa”,密码为“sa”;海天电子科技总公司为国内企业,时区为北京时间。

4. 实验指导

数据中心由信息管理员李颖双击桌面快捷图标“金蝶 K/3 Cloud 管理中心”,打开 K/3 Cloud 管理中心登录界面,默认管理员用户名“administrator”,默认密码“666666”(新建的用户,默认密码为 888888,用户第一次登录后可以修改密码为 666666),单击【登录】按钮后,进入管理中心页面,在管理中心页面单击左上角的【所有功能】,就可以打开管理中心的功能菜单,如图 1.7 所示。

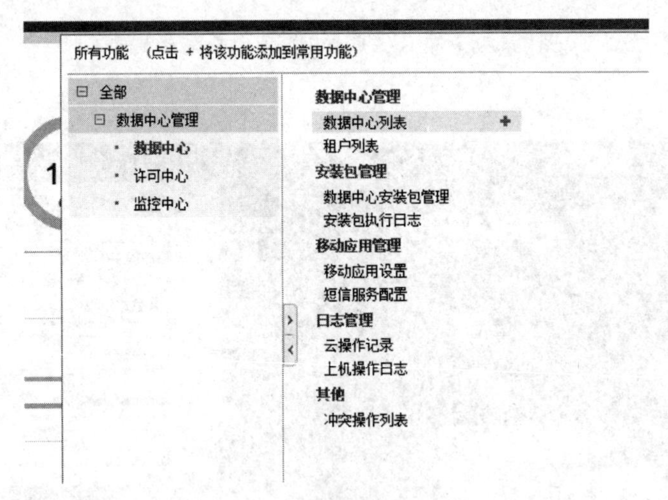

图 1.7 金蝶 K/3 Cloud 管理中心“所有功能”界面

在图 1.7 界面中执行【数据中心管理】—【数据中心列表】命令,打开数据中心列表页面,可以看到截至目前的所有管理中心的全部数据中心记录。现在,要为海天电子科技总公司创建一个数据中心。

单击【数据中心列表】页面的【创建】按钮,打开创建 SQL Server 数据中心向导页面,如图 1.8 所示,根据数据库服务器填写各项信息。

单击【下一步】按钮进入数据中心信息填写页面,如图 1.9 和图 1.10 所示,填写完毕后单击【创建】按钮即可完成海天电子科技总公司数据中心的创建。

创建完毕后,在【金蝶 K/3 Cloud 管理中心】中的【数据中心列表】中就可以看到新创建的海天科技总公司的数据中心。

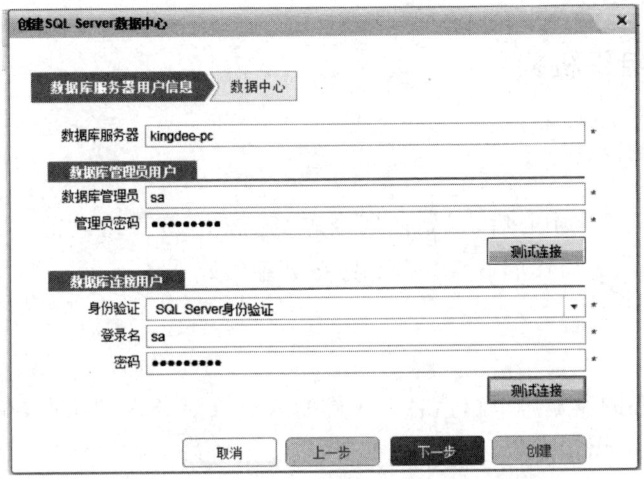

创建SQL Server数据中心 ×

数据库服务器用户信息 数据中心

数据库服务器 kingdee-pc *

数据库管理员用户

数据库管理员 sa *

管理员密码 •••••••••• *

测试连接

数据库连接用户

身份验证 SQL Server身份验证 *

登录名 sa *

密码 •••••••••• *

测试连接

取消 上一步 下一步 创建

图 1.8 金蝶 K/3 Cloud 数据中心向导页面

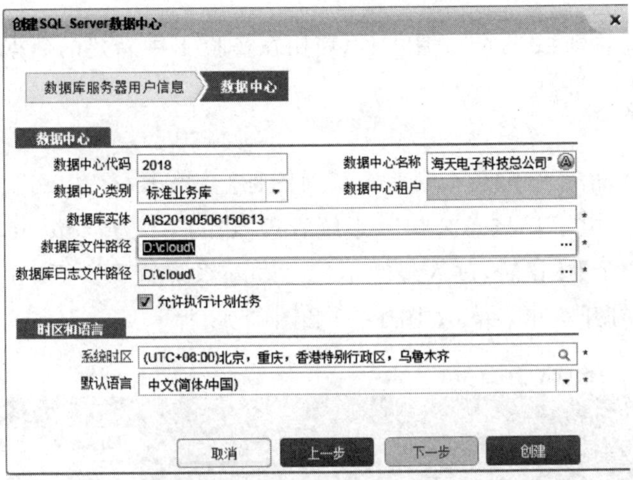

创建SQL Server数据中心 ×

数据库服务器用户信息 数据中心

数据中心

数据中心代码 2018 数据中心名称 海天电子科技总公司"

数据中心类别 标准业务库 数据中心租户

数据库实体 AIS20190506150613 *

数据库文件路径 D:\cloud\ *

数据库日志文件路径 D:\cloud\ *

☑ 允许执行计划任务

时区和语言

系统时区 (UTC+08:00)北京，重庆，香港特别行政区，乌鲁木齐 *

默认语言 中文(简体/中国) *

取消 上一步 下一步 创建

图 1.9 数据中心创建页面

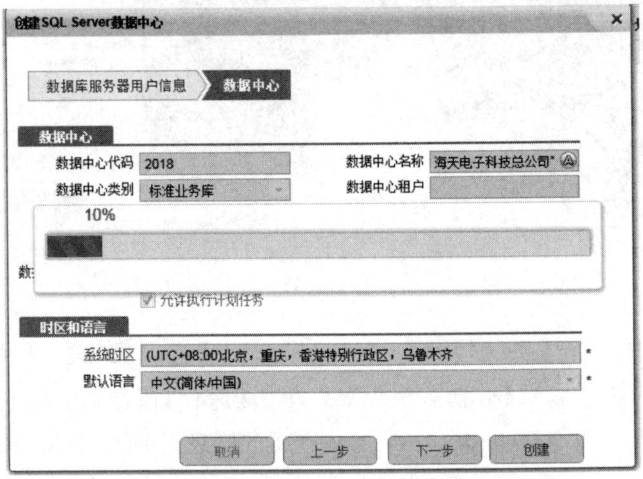

创建SQL Server数据中心 ×

数据库服务器用户信息 数据中心

数据中心

数据中心代码 2018 数据中心名称 海天电子科技总公司"

数据中心类别 标准业务库 数据中心租户

10%

☑ 允许执行计划任务

时区和语言

系统时区 (UTC+08:00)北京，重庆，香港特别行政区，乌鲁木齐 *

默认语言 中文(简体/中国) *

取消 上一步 下一步 创建

图 1.10 数据中心创建进行页面

实验 2　搭建组织机构

1. 业务场景

在创建好公司数据中心后，开始使用金蝶 K/3 Cloud 系统之前，需要根据企业实际情况搭建组织机构，为后续的业务处理和账务处理做好准备。

2. 操作人员

公司数据中心的设立可以由信息系统部的人员或财务人员兼做，在海天电子科技总公司，新建数据中心由信息管理员李颖负责。

3. 业务数据

将系统日期调整到 2018 年 5 月 1 日，使用在实验 1 中新建的数据中心。

4. 实验指导

登入系统平台，信息管理员李颖双击桌面图标“金蝶 K/3 Cloud”，打开登录界面，选择数据中心为“海天电子科技总公司”，系统管理员用户名为“administrator”，默认密码“666666”，单击【登录】按钮后，进入金蝶 K/3 Cloud 系统管理页面，登录后，单击上方的【所有功能】按钮，打开功能菜单，如图 1.11 和图 1.12 所示。

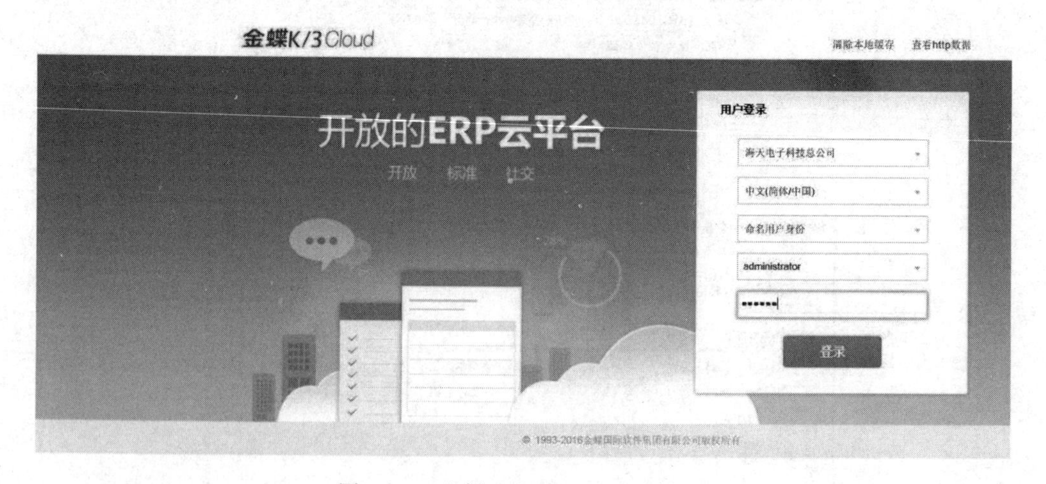

图 1.11　金蝶 K/3 Cloud 登录界面

在功能菜单中，执行【系统管理】—【组织机构】—【组织机构】—【启动多组织】命令，打开启用多组织页面。勾选【启动多组织】后，单击【保存】按钮，系统将启动多组织，并自动跳转至登录界面。在金蝶 K/3 Cloud 登录界面，信息管理员李颖，执行【系统管理】—【组织机构】—【组织机构】—【组织机构】命令，打开组织机构查询页面，单击【新增】按钮，

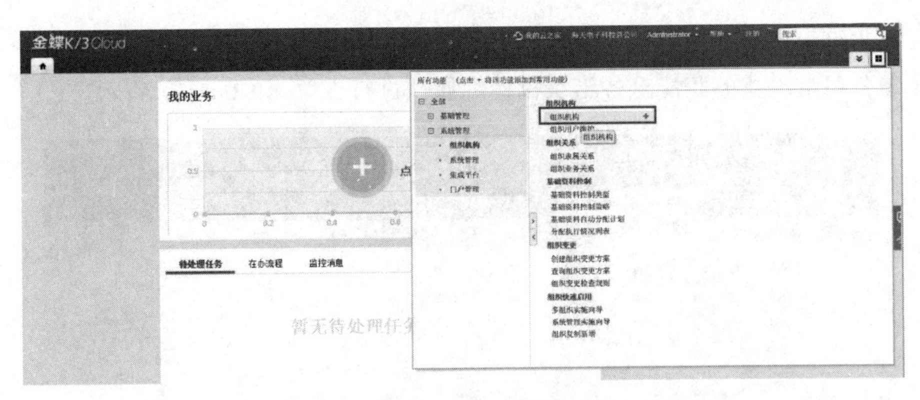

图 1.12　金蝶 K/3 Cloud“所有功能”页面

打开新增组织机构页面，根据表 1.2 所给实验内容在页面中输入正确信息。全部信息输入完毕后，依次单击【保存】【提交】【审核】按钮，完成新增组织机构的工作，如图 1.13 所示，组织机构主要字段说明，如表 1.11 所示。

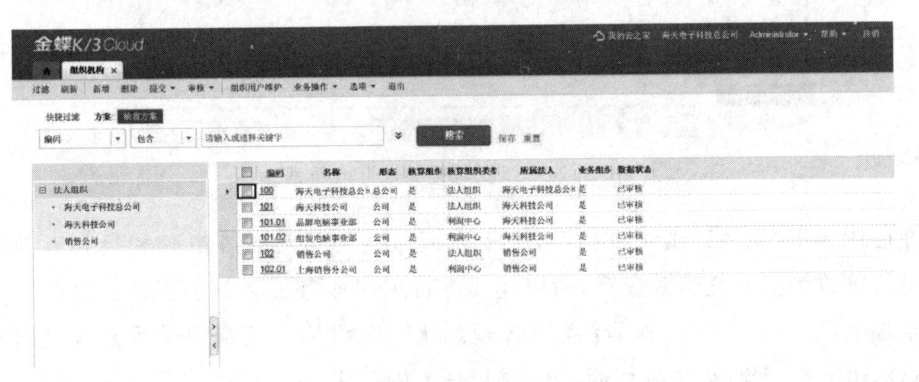

图 1.13　金蝶 K/3 Cloud 组织机构页面

表 1.11　组织机构字段属性说明

字段名称	说　明
编码	组织机构的编码不能重复。
描述	对组织的描述信息可以不填写。
组织形态	来源于组织形态的基础资料，默认为公司。
组织分类	分为核算组织和业务组织两种类型，必须至少选择一个。
核算组织	财务上独立核算的组织，分为法人和利润中心两种，当核算组织被选中时，可以选择法人、利润中心其中之一。
法人	独立核算的法人组织，当核算组织被选中时，才可选择法人。
利润中心	独立核算的利润中心，当核算组织被选中时，才可选择利润中心。
业务组织	业务上独立运作的组织，当组织为业务组织时，才可以选择具体的组织职能。
组织职能	业务组织的组织职能，来源于组织职能的基础资料。
组织属性	在组织属性分类下可以进行所属法人的设置。
所属法人	来源于法人属性的职能，当组织本身为法人时，所属法人就为本身，当组织为业务组织或利润中心时，必须从系统的法人组织中选择一个组织作为所属法人。

在上述组织机构新增工作完成后，信息管理员李颖登录金蝶 K/3 Cloud 系统，要根据表 1.1 公司组织业务职能对各组织机构的属性进行设置，如图 1.14 所示。

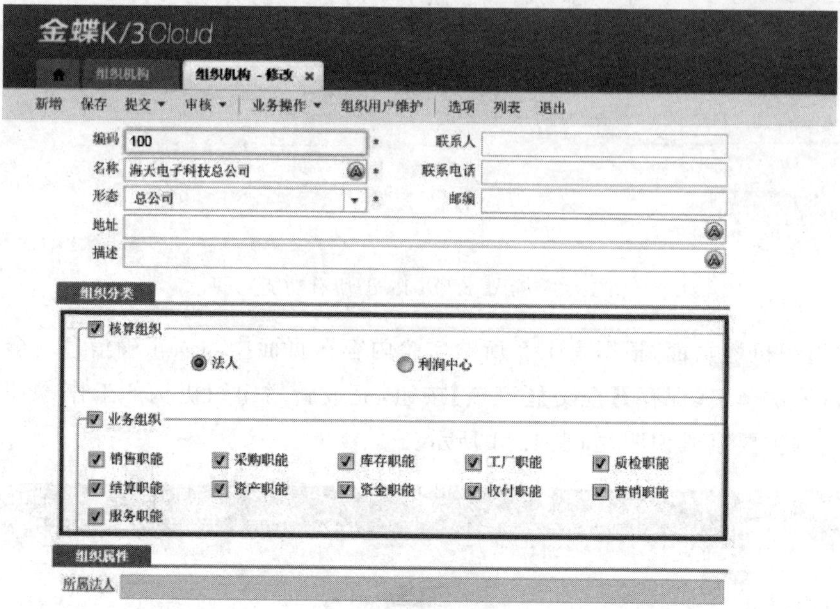

图 1.14　组织机构属性修改页面

在启用多组织、搭建组织机构后，由于海天科技公司对品牌电脑和组装电脑两个事业部进行统收统支并托管其资产，所以还要进行组织业务关系的创建。信息管理员李颖登录金蝶 K/3 Cloud 系统，执行【系统管理】—【组织机构】—【组织关系】—【组织业务关系】命令，进入组织业务关系页面，单击【新增】按钮，打开组织业务关系新增页面，根据表 1.3 所给实验数据，在业务关系类型字段选择“委托收付(结算－收付)－受托收付(收付－结算)”，委托方列表中选择“品牌电脑事业部”和“组装电脑事业部”，在对应的受托方列表中都选择“海天科技公司”，单击【保存】，完成委托收付组织业务关系设置工作。

实验 3　设置基础资料控制策略

1. 业务场景

金蝶 K/3 Cloud 系统是一款符合时代要求的新型云平台下的 ERP 软件，可以实现多法人、多事业部、多地点等多组织应用模式。可以根据公司实际管理模式设置基础资料在多个组织之间的共享和隔离关系，以达到公司的集中管理。

2. 操作人员

公司数据中心的设立可以由信息系统部的人员或财务人员兼做，在海天电子科技总公司，新建数据中心由信息管理员李颖负责。

3. 业务数据

① 基础资料控制类型，如表1.12所示。

表1.12　基础资料控制类型信息

基础资料名称	策略类型	业务说明
供应商	共享型	公司内部公开供应商信息，以方便各组织监督和分享各组织的供应商。
其他基础资料	与系统默认策略类型一致	

② 基础资料控制策略，如表1.13所示。

表1.13　基础资料控制策略信息

基础资料名称	创建组织	分配组织	业务说明
物料	海天科技公司	品牌电脑和组装电脑两个事业部、销售公司、上海销售分公司。	物料可由海天科技公司创建，创建的物料可根据业务要求有选择性地分配给品牌电脑和组装电脑两个事业部、销售公司等。
客户	销售公司	海天科技公司、品牌电脑和组装电脑两个事业部、销售公司、上海销售分公司	客户只能由销售公司创建，创建的客户可根据业务要求有选择性地分配给海天科技公司、品牌电脑和组装电脑两个事业部、销售公司、上海销售分公司使用。

4. 实验指导

了解海天电子科技总公司基础资料的共享策略，明确基础资料详细的共享分配信息。

1）设置基础资料控制类型：

信息管理员李颖双击桌面图标“金蝶K/3 Cloud”图标，打开登录界面，选择数据中心为“海天电子科技总公司”，系统管理员用户名为“administrator”，默认密码“666666”，单击【登录】按钮后，进入金蝶K/3 Cloud系统管理页面，打开功能菜单后，执行【系统管理】—【组织机构】—【基础资料控制】—【基础资料控制类型】命令，打开基础资料控制类型页面，选择基础资料供应商，双击打开【基础资料控制类型—修改】页面，修改策略类型为【共享】，单击【保存】按钮，完成基础资料控制类型的修改。

2）设置基础资料控制策略：

信息管理员李颖双击桌面图标“金蝶K/3 Cloud”图标，打开登录界面，选择数据中心为“海天电子科技总公司”，系统管理员用户名为“administrator”，默认密码“666666”，单击【登录】按钮后，进入金蝶K/3 Cloud系统管理页面，打开功能菜单后，执行【系统管理】—【组织机构】—【基础资料控制】—【基础资料控制策略】命令，打开基础资料控制策略页面，单击【新增】按钮，打开基础资料控制策略新增页面，如图1.15所示。比如在基础资料字段选择“供应商”,在创建组织字段选择“海天科技公司”,在下方分配目标组织列表中,新增“品牌电脑事业部”“上海销售分公司”“销售公司”“组装电脑事业部”,其他项目同上,全部输入完毕后,单击【保存】完成“供应商”这个基础资料的控制策略。

图 1.15　基础资料控制策略设置页面

实验 4　设置操作用户及授权

从公司的数据信息的保密性和安全性角度考虑,应针对金蝶 K/3 Cloud 系统中的相关基础数据和业务数据进行用户授权管理。

1. 业务场景

为了防止公司的基础数据和业务数据被没有被授权的人员随意取得,就需要对金蝶 K/3 Cloud 系统中的每一个人员进行权限的合理分配。

2. 操作人员

公司数据中心的设立可以由信息系统部的人员或财务人员兼做,在海天电子科技总公司,新建数据中心由信息管理员李颖负责。

3. 业务数据

(1) 角色功能信息,如表 1.14 所示。

表 1.14　角色功能信息表

角色名称	权限范围	操作要求	业务说明
全功能角色	所有系统全部功能	新增,角色编码为 10000	拥有最大的权限,可以查看和执行全部的业务操作

续表

角色名称	权限范围	操作要求	业务说明
会计	总账(不含凭证审核和反审核)、智能会计平台、应收、应付款管理、发票管理、资金管理、出纳管理、费用报销、网上银行、报表、合并报表、固定资产、组织间结算等	新增,角色编码为10001	拥有财务处理大部分权限
财务经理	总账全部权限,其他权限设置和系统内置的财务经理权限一致	修改	大部分财务管理权限,拥有总账的全部权限
出纳	总账全部权限,其他权限设置和系统内置的出纳权限一致	修改	大部分权限和系统内置的出纳角色重合,另外赋予出纳角色总账的权限

(2) 用户详细信息,如表1.7所示。

4. 实验指导

(1) 角色管理

信息管理员李颖双击桌面图标“金蝶K/3 Cloud”图标,打开登录界面,选择数据中心为“海天电子科技总公司”,系统管理员用户名为“administrator”,默认密码“666666”,单击【登录】按钮后,进入金蝶K/3 Cloud系统后,打开功能菜单,执行【系统管理】—【系统管理】—【角色管理】—【创建角色】命令,页面中编码时段填写“10000”,在名字字段填写“全功能”,在类型字段选择“普通角色”,在属性字段填写“公有”,完成所有字段信息输入后,单击【保存】按钮,完成全功能角色的新增。参考上述方法,根据表1.7中的内容新增其他所有角色,完成后,执行【系统管理】—【系统管理】—【角色管理】—【角色查询】命令,打开角色查询命令,查看全部角色信息。

在具体操作中,【创建角色】页面中的“属性”字段,在多组织应用模式下才显示,可选择“公有”和“私有”两个类型。但属性为“公有”时,角色在全部组织中均可以使用;当属性为“私有”时,角色只能在指定的组织下使用。

(2) 针对角色进行授权

① “全功能”角色授权处理

信息管理员李颖使用系统管理员用户名为“administrator”,默认密码“666666”,登录金蝶K/3 Cloud系统后,打开功能菜单,执行【系统管理】—【系统管理】—【批量授权】—【全功能批量授权】命令,在打开的页面,选择授权角色为“全功能”,选择授权模式为“全功能”,选择授权状态为“有权”,单击【授权】按钮,将系统的所有功能权限授权给全功能角色,新增后,可以查询和修改角色状态。

② “会计”角色授权处理

李颖执行【系统管理】—【系统管理】—【批量授权】—【子系统批量授权】命令,打开子系统批量授权页面，选择授权角色为“会计”，选择授权模式为“子系统”，根据表 1.14 所给实验信息，勾选该角色对应的子系统（如：总账、应收管理系统等）为有权，单击【授权】按钮后，将子系统功能授权给会计。

“会计”角色没有总账中的凭证审核和反审核权限，所以完成上述操作后，还需要修改凭证的审核和反审核功能，将其设置为无权。执行【系统管理】—【系统管理】—【授权】—【业务对象功能授权】命令，在打开的业务对象功能授权页面，选择授权角色为“会计”，选择业务对象“凭证”，并将右侧审核和反审核功能设置为无效，完成后单击【授权】按钮，完成会计角色的授权修改。

参照上述授权办法，对表 1.7 中的角色，使用子功能批量授权，赋予各个对象相应的权限。

③ 用户管理

信息管理员李颖使用用户名为“administrator”，默认密码“666666”，单击【登录】按钮后，进入金蝶 K/3 Cloud 系统后，执行【系统管理】—【系统管理】—【用户管理】—【查询用户】命令，打开查询用户页面。

单击【新增】按钮，打开【用户－新增】页面，在“用户账号”和“用户名称”字段中输入“李颖”，在下方组织列表中，选择全部组织，单击“海天电子科技总公司”后，在右边的角色列表中添加全功能角色，依次选择其他组织添加角色为全功能，完成后单击【保存】按钮，完成李颖这个用户的新增，如图 1.16 所示。

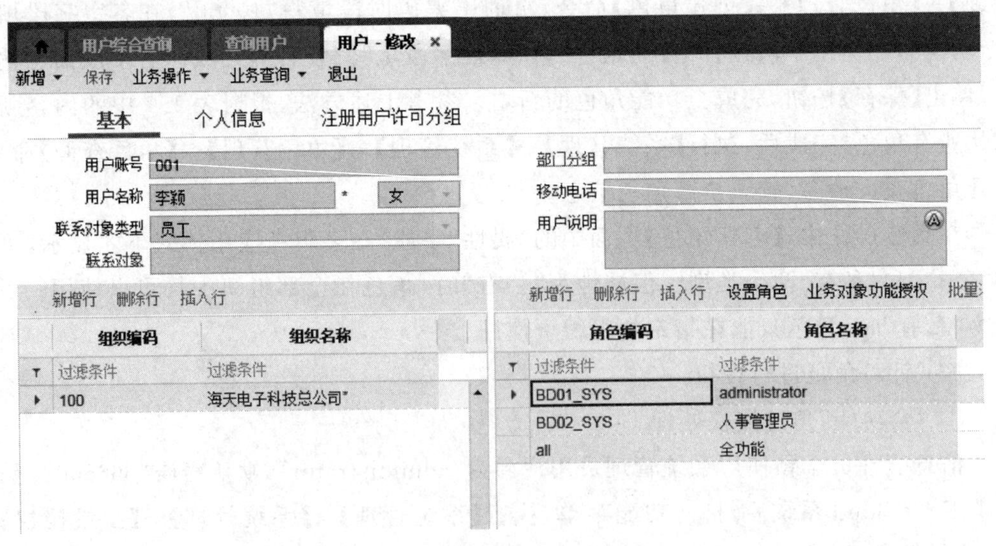

图 1.16　用户新增页面

根据上述添加角色的方法，新增表 1.7 中其他角色的属性，全部完成后，执行【系统管理】—【系统管理】—【用户管理】—【查询用户】命令，打开查询用户页面，查看新增完成的全部用户的信息。

实验 5　维护主数据资料

1. 业务场景

公司业务数据的备份和恢复是极为重要的，主要是为了在突发事件来临时能确保公司数据的安全性。

2. 操作人员

公司数据中心的维护可以由信息系统部的人员或财务人员兼做，在海天电子科技总公司，数据中心维护工作由信息管理员李颖负责。

3. 业务数据

所有前面已经设置和输入的海天电子科技总公司数据。

4. 实验指导

在创建了海天电子科技总公司的数据中心后，为了确保数据的安全性，防止意外发生而可能导致的灾难性后果，需要定期将业务操作过程中产生的各种数据进行备份，一旦数据中心遭破坏，可以通过恢复功能将备份的数据中心恢复成一个新的数据中心继续进行业务操作和处理。

由信息管理员李颖负责对海天电子科技总公司数据中心的维护，主要是对数据中心数据的备份与恢复。首先由信息管理员李颖双击桌面快捷图标“金蝶 K/3 Cloud 管理中心”，打开 K/3 Cloud 管理中心登录界面。默认管理员用户名“administrator”，默认密码“666666”，单击【登录】按钮后，进入管理中心页面。值得注意的是：目前系统仅支持备份和恢复 SQL Server 数据中心，如果要备份和恢复 Oracle 数据中心，应该使用 Oracle 相关工具实现。

执行备份数据中心时，可以点击【数据中心管理】—【数据中心列表】命令，打开数据中心列表，查找并选中“海天电子科技总公司”后，单击上方【备份】按钮，打开数据中心备份页面，在该页面填写数据库管理员、密码及备份路径后，单击【执行备份】按钮，完成数据中心的数据备份，如图 1.17、图 1.18 所示。

执行恢复数据中心时，可以点击【数据中心管理】—【数据中心列表】命令，打开数据中心列表，查找并选中“海天电子科技总公司”后，单击上方【恢复】按钮，打开数据中心恢复页面，在该页面填写数据库服务器、数据库管理员、密码及备份路径后，单击【执行恢复】按钮，完成数据中心的数据恢复。

有时为了节省服务器的存储物理空间，还可以进行绑定金蝶云盘，对数据中心采用

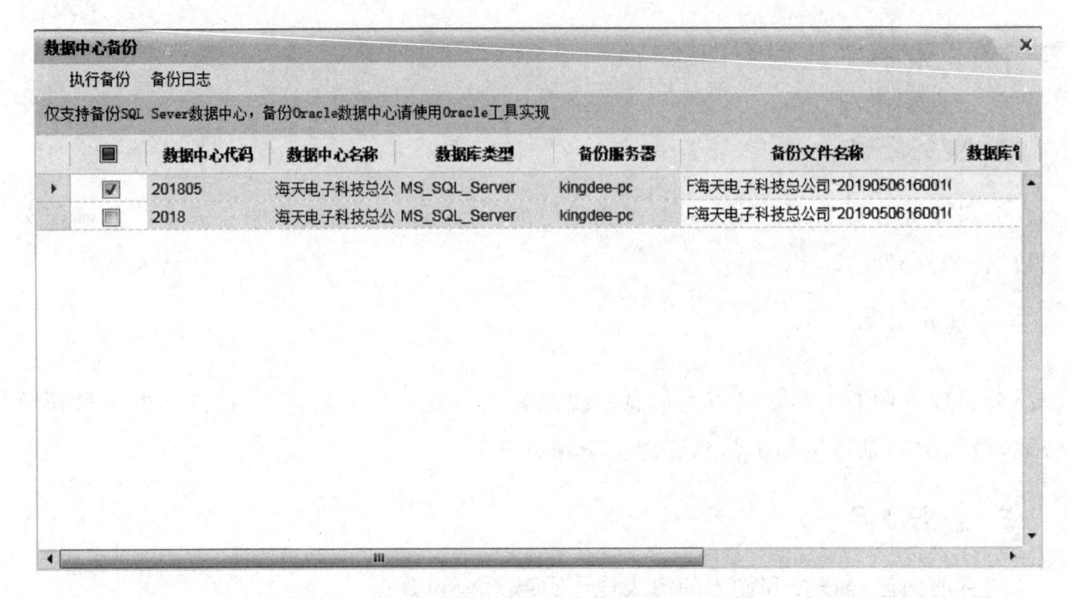

图 1.17　数据中心备份

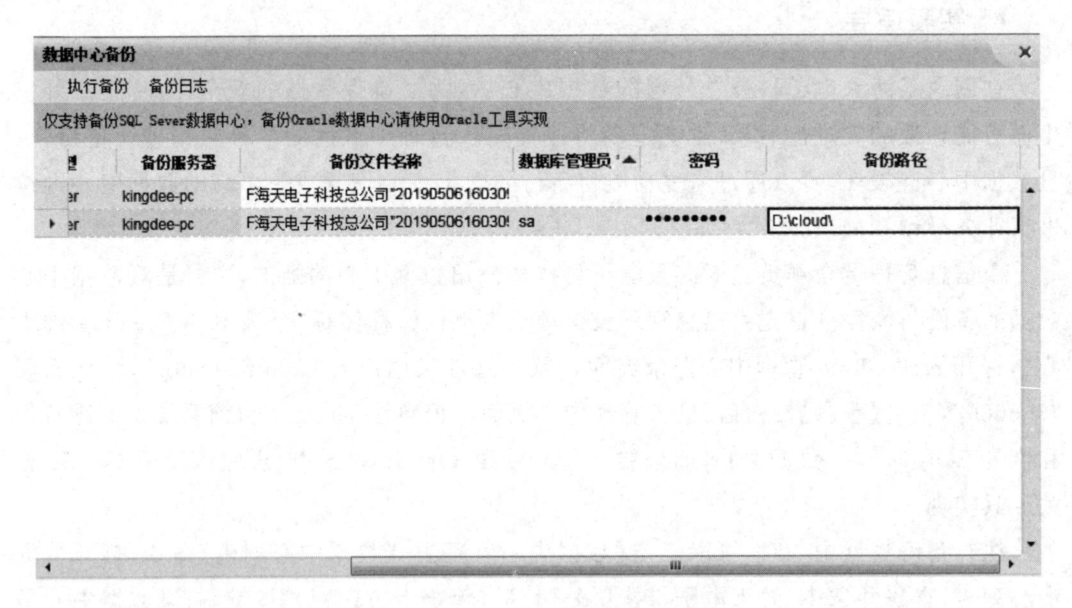

图 1.18　输入 sa 和密码指定备份路径

云备份和云恢复的工作。

执行云备份数据中心时，需要登录管理中心点击【数据中心管理】—【数据中心列表】命令，打开数据中心列表页面。选择页面上方的【云备份】—【云盘账号绑定】，打开云盘账号绑定页面，如果拥有金蝶云盘账号的，可直接输入云盘账号和云盘密码，单击【绑定账号】按钮即可；如果没有金蝶云盘账号，则单击【去金蝶云盘注册】按钮去免费注册金蝶云盘账号，注册成功后返回绑定账号即可。

需要云备份时，只要打开金蝶 K/3 Cloud 数据中心列表上方【云备份】命令，打开金蝶云备份数据中心页面，在打开的页面中填写相应的数据库管理员和密码以及在云盘中的备份文件名称。如果对备份文件要求加密，则勾选【文件加密】，然后输入安全密钥，单击【执行云备份】按钮，就可以备份选中的数据中心数据，并将备份文件保存到金蝶云盘中。

需要云恢复时，执行【云备份】—【云恢复】命令，打开恢复金蝶云数据中心页面，选择之前备份在云盘上的数据中心备份文件，并填写相应的数据库服务器信息以及恢复数据中心信息，如果之前使用的云盘文件是加密过的，则勾选【文件加密】案例，并输入安全密钥，单击【执行云恢复】按钮，就开始恢复数据中心。

金蝶云备份与恢复还提供了云盘账号维护和云操作记录查看功能。用户可以用云盘账套维护来删除保存在云盘中的废弃文件，用户还可以使用云操作记录来查看所有云备份和恢复的操作记录，以提高数据库管理的安全性。

实训活动

活动要求

- 在安装有金蝶 K/3 Cloud 软件的实验室，开始熟悉平台运行环境。
- 了解实验案例组织架构、产品结构。
- 了解实验案例组织信息和基础业务数据信息。

活动内容

- 进行实验模拟——系统设置。
- 实验 1　新建数据中心。
- 实验 2　搭建组织机构。
- 实验 3　设置基础资料控制策略。
- 实验 4　设置操作用户及授权。
- 实验 5　维护主数据资料。

活动评价

通过实训，结合教学大纲要求的教学时数，统计第一章的学习进度、熟练程度以及学习质量来做出评价。

本章小结

本章的重点是在金蝶 K/3 Cloud 软件平台上为实验案例公司搭建数据中心、创建组织机构、设置基础资料控制策略、用户授权和数据中心的备份与恢复。这些是后续所有业务系统运行的基础和保障。

思考题

1. 在正式使用金蝶 K/3 Cloud 软件为企业管理服务前，为什么首先要新建数据中心？

2. 在新建数据中心后，如何启用多组织、搭建组织机构和建立组织业务关系？

3. 基础资料控制包括哪些具体内容？

4. 用户管理中的“全功能角色”是否可以包揽企业所有的业务处理任务？为什么？

5. 金蝶 K/3 Cloud 软件数据中心备份与恢复有几种方法？应该执行哪些命令？

第二章

总账核算业务系统

学习目标

- 了解海天电子科技有限公司的总账核算业务系统。
- 掌握金蝶 K/3 Cloud 软件之设置总账系统参数、设置总账基础资料、总账初始化数据录入并结束初始化、日常凭证处理、期末调汇、结转损益、期末结账的具体操作。

2.1 总账系统概述

总账系统是财务会计系统中最核心的系统，以凭证处理为中心，进行账簿报表的管理。通过智能会计平台与各个业务系统无缝连接，实现数据共享。企业所有的核算最终在总账中体现。金蝶 K/3 Cloud 的总账管理系统主要解决了一个数据中心下多账簿和多核算体系的应用，适用于任何企业和行业。

2.2 总账系统总体流程图

在金蝶 K/3 Cloud 系统中进行总账财务处理的主要流程，如图 2.1 所示。

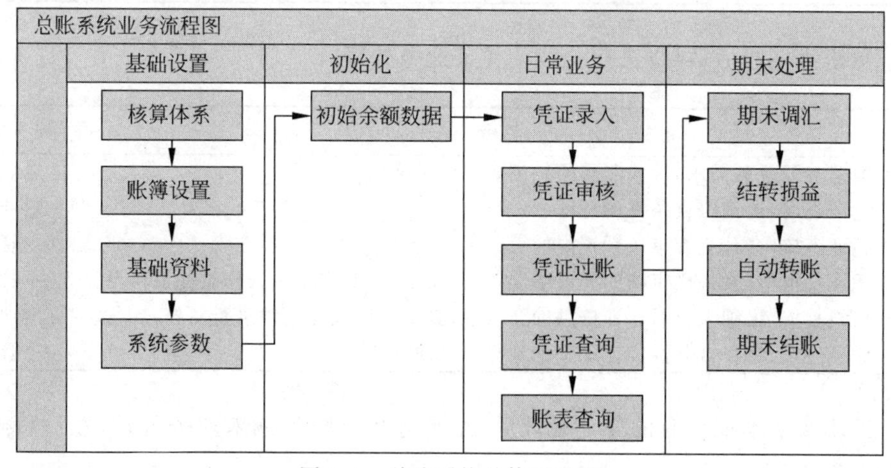

图 2.1　总账系统总体流程图

2.3 总账系统业务操作流程

1. 设置总账的相关基础资料。

序号	业务操作	责任人
1	设置会计日历,定义会计核算的时间范围。	总账会计
2	设置币别、汇率体系。	总账会计
3	设置会计要素、科目。	总账会计
4	设置核算维度,设置科目的核算维度信息。	总账会计
5	设置凭证字,定义常用的凭证字。	总账会计
6	设置会计政策。	总账会计
7	设置会计核算体系,定义当前需要核算的组织机构体系以及对应的适用会计政策和默认会计政策。	主管会计
8	设置账簿,定义核算体系内核算组织的账簿。	主管会计

2. 设置账簿系统参数。

序号	业务操作	责任人
1	设置账簿系统参数,定义总账的账务处理规则。	主管会计

3. 基础资料设置完成后,即可录入账簿对应的科目初始余额数据,录入后需要进行结束账簿初始化操作。

序号	业务操作	责任人
1	账簿的科目初始数据录入。	主管会计
2	检查账簿科目初始余额数据是否平衡,人工检查数据是否正确。	主管会计
3	结束账簿的科目初始化。	主管会计

4. 初始化完成后,可以进行总账的凭证业务处理。

序号	业务操作	责任人
1	根据实际业务需求,录入账簿的凭证。	总账会计
2	凭证查询,查询符合条件的凭证。	财务人员
3	凭证审核,会计主管审核系统内的凭证。	主管会计
4	凭证反审核,发现已审核的凭证错误,将其反审核,允许制单人修改凭证信息。	主管会计
5	出纳复核,出纳人员对凭证信息的合法性、真实性以及完整性进行复核。	出纳
6	凭证过账,将符合条件的凭证登记到总账账簿。	主管会计

5. 完成账簿本期所有的凭证处理后,需要进行总账的期末业务处理,然后将账簿的会计期间结算至下一个会计期间。

序号	业务操作	责任人
1	期末处理前检查：基本业务凭证均已过账、相关业务系统已结账以及相关业务单据已生成对应凭证且已过账。	总账会计
2	期末调汇，根据科目属性的设置，有外币业务的企业处理汇兑损益，并且将对应凭证已过账。	总账会计
3	自动转账，根据转账模板自动生成转账凭证，并通过审核和过账。	主管会计
4	结转损益，生成损益凭证，并且将对应凭证过账。	主管会计
5	期末处理，进行结账，结账结束后，系统显示结账的账簿已进入下一个会计期间。	主管会计
6	结账后发现错误，可进行账簿的反结账，反结账完成后，账簿返回上一个会计期间。	主管会计

2.4　实验模拟——总账业务处理

本章实验包括：

实验 1　设置系统参数

实验 2　设置总账基础资料

实验 3　总账初始化数据录入并结束初始化

实验 4　日常凭证处理

实验 5　期末调汇

实验 6　结转损益

实验 7　期末结账

实验 1　设置系统参数

1. 业务场景

将系统日期调整为“2018-05-01”，恢复前面备份的账套“F 海天电子科技总公司”。准备设置总账业务核算前的系统参数。总账参数设置的对象是账簿，因此需要通过修改页面上的组织机构和账簿来设置本案例所涉及的账簿的总账参数信息。

2. 操作人员

由信息管理员李颖登录金蝶 K/3 Cloud 的总账管理系统执行相关操作。

3. 业务数据

总账系统参数信息，如表 2.1 所示。

表 2.1 总账系统参数

参数名称	参数值
“本年利润”科目	4103
“利润分配”科目	4104

注 1：其他参数均采用系统默认值。
注 2：适用于全部组织的账簿设置要求。

4. 实验指导

信息管理员李颖登录金蝶 K/3 Cloud 的总账管理系统，打开功能菜单，执行【财务会计】—【总账】—【参数设置】—【总账管理参数】命令，打开总账管理参数页面，根据表 2.1 所给出的实验数据，设置海天电子科技总公司的总账系统参数。组织机构选择“海天电子科技总公司”，账簿选择“总公司账簿”；在账簿参数标签基本选项中的利润分配科目选择“利润分配”，本年利润科目选择“本年利润”，在凭证参数标签中，勾选“凭证过账前必须审核”和“凭证过账前必须出纳复核”，然后单击【保存】，完成海天电子科技总公司总账的参数设置。如图 2.2 所示。

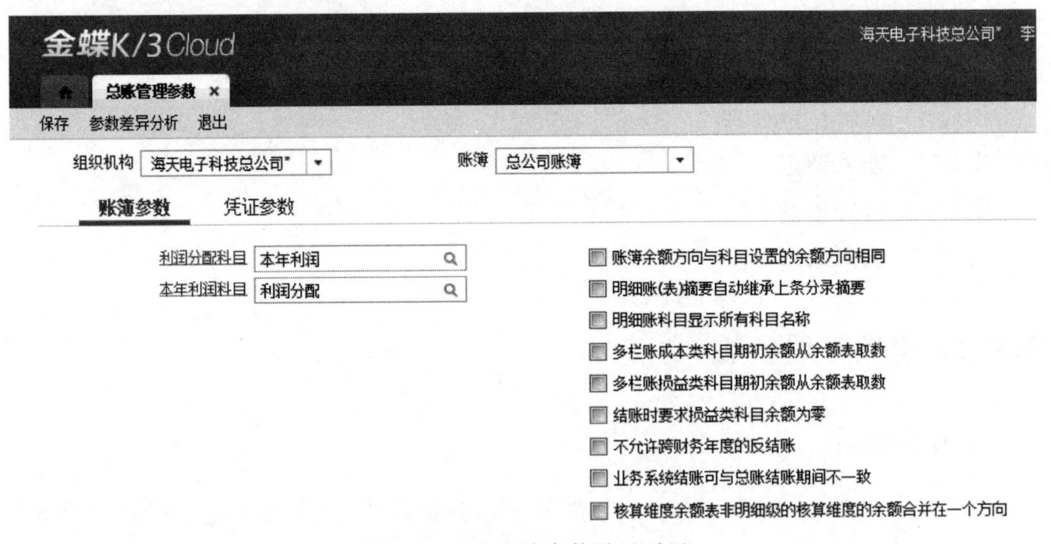

图 2.2 总账系统参数设置页面

实验 2 设置总账基础资料

1. 业务场景

总账的基础资料是企业进行日常经济业务处理所必须的资料，包括：币别、会计科目、结算方式、供应商和客户等。

2. 操作人员

由信息管理员李颖登录系统并设置总账的基础资料、进行总账初始化工作。

3. 业务数据

（1）汇率体系，如表 2.2 所示。

表 2.2　汇率体系

汇率类型	原币	目标币	直接汇率	生效日期	失效日期
固定汇率	港币	人民币	0.88	2018-04-30	2018-05-30
固定汇率	美元	人民币	6.85	2018-04-30	2018-05-30

（2）会计日历及核算维度：使用系统默认的设置。会计科目采用新会计准则科目，有些科目在系统默认的科目表中需要作出修改，如表 2.3 所示。

表 2.3　会计科目

科目代码	科目名称	外币核算	是否期末调汇
1002	银行存款	核算所有币别	是
1121	应收票据	核算所有币别	是
1122	应收账款	核算所有币别	是
1121.03	其他应收款——员工往来	核算所有币别	是
2221.01.02	销项税额	核算所有币别	是
2221.01.01	进项税额	核算所有币别	是
6603.06	其他	核算所有币别	是
6603.04	手续费	核算所有币别	是
6001	主营业务收入	核算所有币别	是

（3）明细会计科目，如表 2.4 所示。

表 2.4　明细会计科目

科目编码	名称	科目类别	核算维度	外币核算
1002.01	建设银行	资产类	可选	无
1002.02	工商银行	资产类	可选	港币
1002.03	中国银行	资产类	可选	美元
6602.01	福利费	期间费用	部门（必录）、费用项目（可选）	无
6602.02	办公费	期间费用	部门（必录）	无
6602.03	差旅费	期间费用	部门（必录）、员工（必录）	核算所有币别，勾选期末调汇

(4) 会计核算体系,如表 2.5 所示。

表 2.5 会计核算体系

<table>
<tr><th>编码</th><th>名称</th><th>默认核算体系</th><th>核算组织</th><th>下级组织</th><th>投资比例</th></tr>
<tr><td rowspan="4">01</td><td rowspan="4">法人核算体系</td><td rowspan="4">是</td><td>海天电子科技总公司</td><td>海天电子科技总公司</td><td>100</td></tr>
<tr><td rowspan="2">海天科技公司</td><td>品牌电脑事业部</td><td>100</td></tr>
<tr><td>组装电脑事业部</td><td>100</td></tr>
<tr><td>销售公司</td><td>上海销售分公司</td><td>100</td></tr>
<tr><td rowspan="3">02</td><td rowspan="3">利润中心核算体系</td><td rowspan="3">否</td><td>品牌电脑事业部</td><td>品牌电脑事业部</td><td>100</td></tr>
<tr><td>组装电脑事业部</td><td>组装电脑事业部</td><td>100</td></tr>
<tr><td>上海销售分公司</td><td>上海销售分公司</td><td>100</td></tr>
</table>

注:所有核算组织的适用会计政策和默认会计政策均采用系统默认的会计政策。

(5) 账簿信息,如表 2.6 所示。

表 2.6 账簿信息

编码	账簿名称	核算体系	核算组织	账簿类型	启用期间
001	总公司账簿	法人核算体系	海天电子科技总公司	主账簿	2018.05
002	海天科技公司账簿	法人核算体系	海天科技公司	主账簿	2018.05
003	品牌电脑事业部账簿	利润中心核算体系	品牌电脑事业部	主账簿	2018.05
004	组装电脑事业部账簿	利润中心核算体系	组装电脑事业部	主账簿	2018.05
005	销售公司账簿	法人核算体系	销售公司	主账簿	2018.05
006	上海销售分公司账簿	利润中心核算体系	上海销售分公司	主账簿	2018.05

注 1:所有账簿采用的科目表均为新会计准则科目表,默认的凭证字为“记”。
注 2:账簿由各核算组织各自创建。

(6) 物料信息,如表 2.7 所示。

表 2.7 物料信息表

<table>
<tr><th>物料编码</th><th>物料名称</th><th>物料属性</th><th>计量单位</th><th>所属仓库</th><th>基础资料分配策略</th></tr>
<tr><td>01.001</td><td>CPU</td><td>外购/原材料</td><td>个</td><td>原料仓</td><td rowspan="16">物流信息由品牌电脑事业部和组装电脑事业部创建,分配给销售公司和上海销售分公司使用</td></tr>
<tr><td>01.002</td><td>硬盘</td><td>外购/原材料</td><td>个</td><td>原料仓</td></tr>
<tr><td>01.003</td><td>电源</td><td>外购/原材料</td><td>套</td><td>原料仓</td></tr>
<tr><td>01.004</td><td>内存条</td><td>外购/原材料</td><td>个</td><td>原料仓</td></tr>
<tr><td>01.005</td><td>机箱</td><td>外购/原材料</td><td>个</td><td>原料仓</td></tr>
<tr><td>01.006</td><td>主板</td><td>外购/原材料</td><td>个</td><td>原料仓</td></tr>
<tr><td>02</td><td>半成品</td><td></td><td></td><td></td></tr>
<tr><td>02.001</td><td>显示器</td><td>自制/半成品</td><td>台</td><td>半成品仓</td></tr>
<tr><td>02.002</td><td>显示器(可选装配)</td><td>外购/原材料</td><td>台</td><td>原料仓</td></tr>
<tr><td>02.003</td><td>主机</td><td>自制/半成品</td><td>台</td><td>半成品仓</td></tr>
<tr><td>02.004</td><td>鼠标</td><td>自制/半成品</td><td>个</td><td>半成品仓</td></tr>
<tr><td>02.005</td><td>键盘</td><td>自制/半成品</td><td>个</td><td>半成品仓</td></tr>
<tr><td>02.006</td><td>键盘(可选装配)</td><td>外购/原材料</td><td>个</td><td>原料仓</td></tr>
<tr><td>03</td><td>成品</td><td></td><td></td><td></td></tr>
<tr><td>03.001</td><td>品牌电脑</td><td>自制/半成品</td><td>台</td><td>成品仓</td></tr>
<tr><td>03.002</td><td>组装电脑</td><td>自制/半成品</td><td>台</td><td>成品仓</td></tr>
</table>

(7) 客户信息，如表 2.8 所示。

表 2.8 客户信息表

客户编码	客户类别	客户名称	基础资料分配策略
001	普通销售客户	西门子电子公司	客户资料由销售公司创建，分配给海天科技公司、品牌电脑事业部、组装电脑事业部、上海销售分公司使用
002	普通销售客户	上海清文电器有限公司	
003	普通销售客户	江苏电子设备有限公司	
004	普通销售客户	深圳惠慕电器有限公司	
005	普通销售客户	光宇公司	
006	内部结算客户	销售公司	
007	内部结算客户	上海销售分公司	

(8) 供应商信息，如表 2.9 所示。

表 2.9 供应商信息表

供应商编码	供应商类别	供应商名称	基础资料分配策略
001	普通采购	汕头电子零部件有限公司	供应商资料由海天科技有限公司创建，分配给品牌电脑事业部、组装电脑事业部、销售公司、上海销售分公司使用
002	普通采购	苏州电子制造厂	
003	普通采购	惠州电子加工厂	
004	普通采购	海天科技公司	
005	普通采购	品牌电脑事业部	
006	普通采购	组装电脑事业部	

(9) 部门信息，如表 2.10 所示。

表 2.10 部门信息表

创建组织	部门编码	助记码	部门名称	部门属性
品牌电脑事业部	BM000001	1.01	生产物流一部	基本生产部门
	BM000002	1.02	售后服务一部	管理部门
组装电脑事业部	BM000003	2.01	生产物流二部	基本生产部门
	BM000004	2.02	售后服务二部	管理部门
销售公司	BM000005	3.01	销售管理部	管理部门
上海销售分公司	BM000006	4.01	上海销售分部	管理部门

(10) 部门员工信息，如表 2.11 所示。

表 2.11 部门员工信息表

部门	创建组织	部门属性	岗位	员工编码	员工
海天电子科技总公司	总公司财务部	管理部门	财务	001	金月
海天电子科技公司	科技公司财务部	管理部门	财务	002	张珺
销售公司	销售公司财务部	管理部门	财务	003	赵记
品牌电脑事业部	品牌事业部	基本生产部门	财务	004	蔡青
组装电脑事业部	组装事业部	基本生产部门	财务	005	霁月

4. 实验指导

(1) 设置币别

信息管理员李颖登录金蝶 K/3 Cloud 系统，选择“海天电子科技总公司”，输入用户名和密码，单击【登录】按钮，进入金蝶 K/3 Cloud 主页，单击右侧的【所有功能】打开全部功能菜单。执行【财务会计】—【总账】—【基础资料】—【币别】命令，打开币别列表页面，系统已经内置了人民币和美元两种币别，勾选美元，单击【提交】【审核】按钮；单击【新增】，增加新币别“港币”，点击【保存】按钮，单击【提交】【审核】按钮，完成对美元和港币的审核。

值得注意：在币别列表中显示的币别信息，只有【审核】后才可以在后续业务中使用。

(2) 设置汇率体系

信息管理员李颖执行【财务会计】—【总账】—【基础资料】—【汇率体系】命令，打开汇率列表页面，单击【新增】按钮，打开汇率新增页面，根据表 2.2 所给的实验数据在页面中正确输入，完成后依次单击【保存】【提交】【审核】按钮，完成汇率体系的设置，如图 2.3 所示。

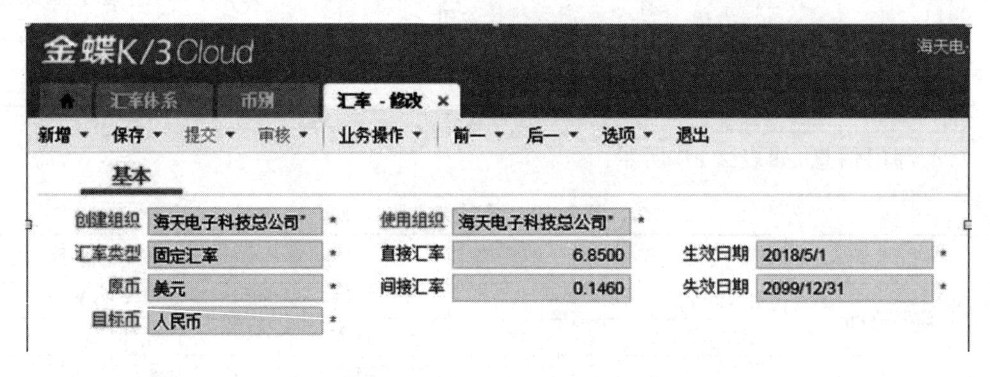

图 2.3 汇率体系设置页面

(3) 设置会计科目

① 修改会计科目属性。李颖执行【财务会计】—【总账】—【基础资料】—【科目】命令，打开科目列表页面，双击要修改的科目，打开科目修改页面，根据表 2.3 所给实验数据修改科目属性，如图 2.4 所示。会计科目采用新会计准则科目。

② 增加新明细科目。李颖执行【财务会计】—【总账】—【基础资料】—【科目】命令，打开科目列表页面，打开【新增】按钮，打开科目新增页面，根据表 2.4 所给数据增加明细科目。新增后点击【保存】【提交】【审核】后才可以在业务中使用，如图 2.5 所示。

(4) 设置会计核算体系

① 修改系统预置的会计核算体系。李颖执行【财务会计】—【总账】—【基础资料】—【会计核算体系】命令，打开会计核算体系页面，勾选系统预置的核算体系后，单击【反审

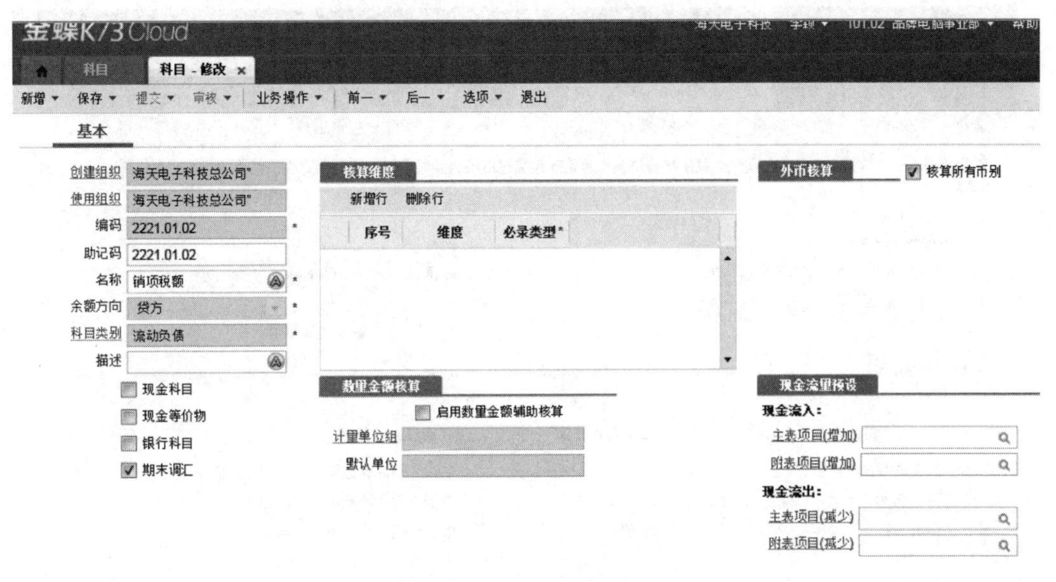

图 2.4　会计科目属性修改页面

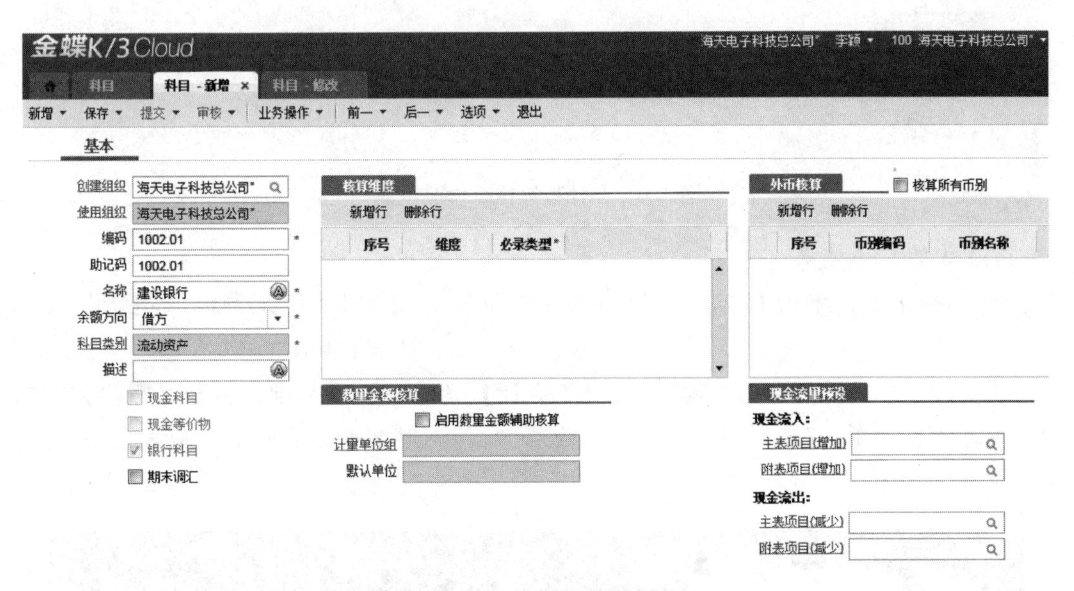

图 2.5　会计科目新增页面

核】按钮，双击打开会计核算体系修改页面，根据表 2.5 所给实验数据将其修改成“法人核算体系”，如图 2.6 所示，修改后单击【保存】【提交】【审核】按钮完成审核。

② 根据实验要求添加会计核算体系。李颖执行【财务会计】—【总账】—【基础资料】—【会计核算体系】命令，打开会计核算体系页面，单击【新增】按钮，打开会计核算体系新增页面，根据表 2.5 所给实验数据，新增“利润中心核算体系”，点击【保存】【提交】【审核】完成新增会计核算体系的工作。

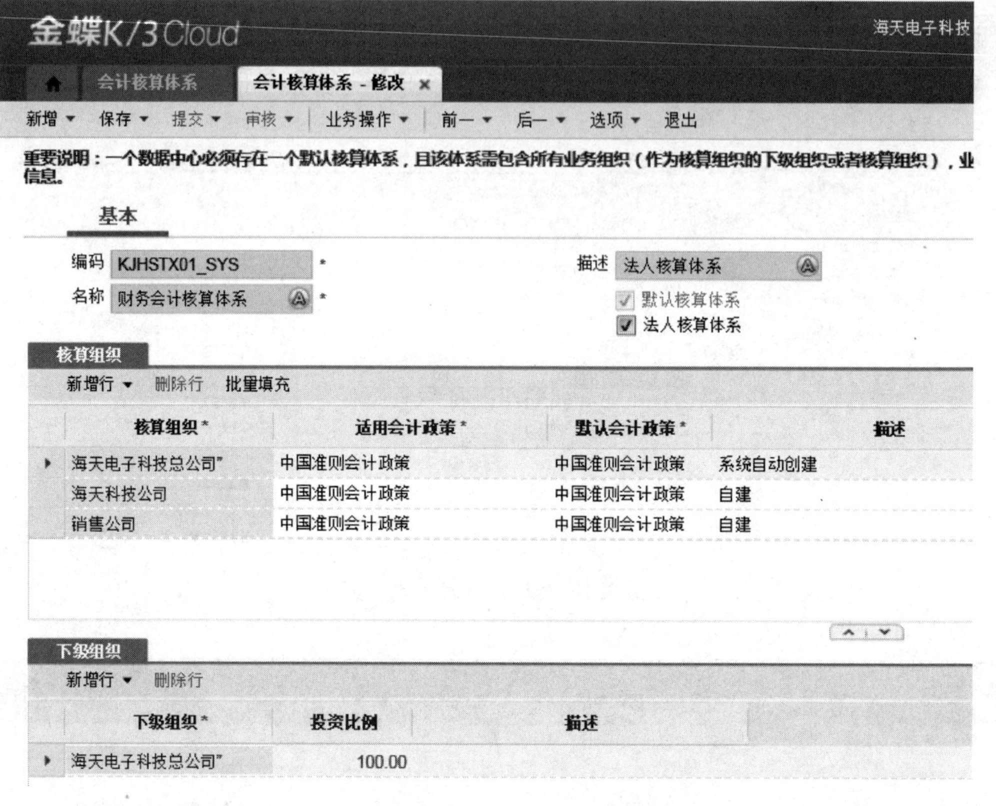

图 2.6　会计核算体系修改页面

(5) 设置账簿体系

① 切换组织。单击右上方下拉箭头组织显示位置，切换组织到海天电子科技总公司。

② 增加“总公司账簿”，李颖执行【财务会计】—【总账】—【基础资料】—【账簿】命令，打开账簿页面。单击【新增】按钮，打开账簿新增页面，根据表 2.6 所给实验数据增加“总公司账簿”，如图 2.7 所示。

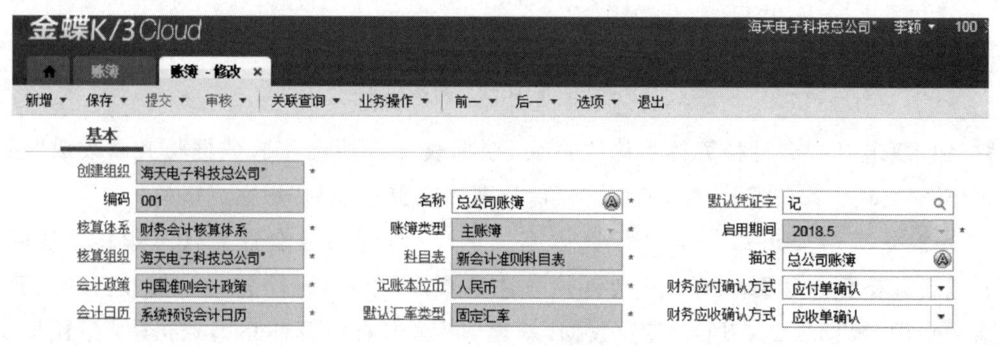

图 2.7　新增总公司账簿页面

③ 增加其他账簿。按上述方法创建新增其他公司账簿，如图 2.8 所示，要保证创建组织和核算组织的一致性。

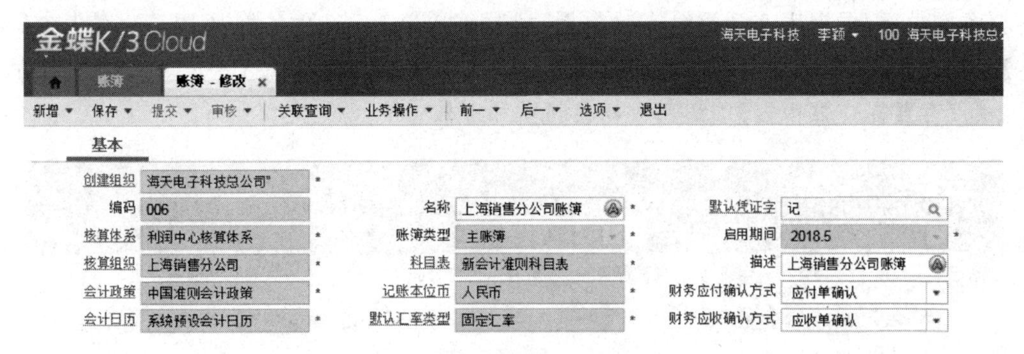

图 2.8　账簿新增页面

④ 审核所有账簿。执行【财务会计】—【总账】—【基础资料】—【账簿】命令，打开账簿页面，勾选新增的全部账簿信息，单击【提交】【审核】按钮，完成账簿审核。

（6）设置物料信息

物料信息由品牌电脑事业部和组装电脑事业部增加，再分配给其他部门使用，由管理员身份进入所有功能-组织机构-基础资料控制策略；先对基础资料控制策略进行设置，如图 2.9 所示。

图 2.9　基础资料控制策略设置页面

在基础资料控制策略设置完毕的基础上，回到金蝶 K/3 Cloud 系统，来对公司物料进行相关设置。

① 点击主界面右上方组织显示位置，切换组织到品牌电脑事业部。

② 新增物料“CPU”。执行【基础管理】—【基础资料】—【主数据】—【物料】命令，打开物料新增页面，根据表 2.7 所给实验数据，填写编码“01.001”，名称“CPU”。在上方【基本】标签中，选择物理属性为“外购”存货类别为“原材料”，如图 2.10 所示，输入完毕后，单击【保存】【提交】【审核】按钮完成物料新增和审核。

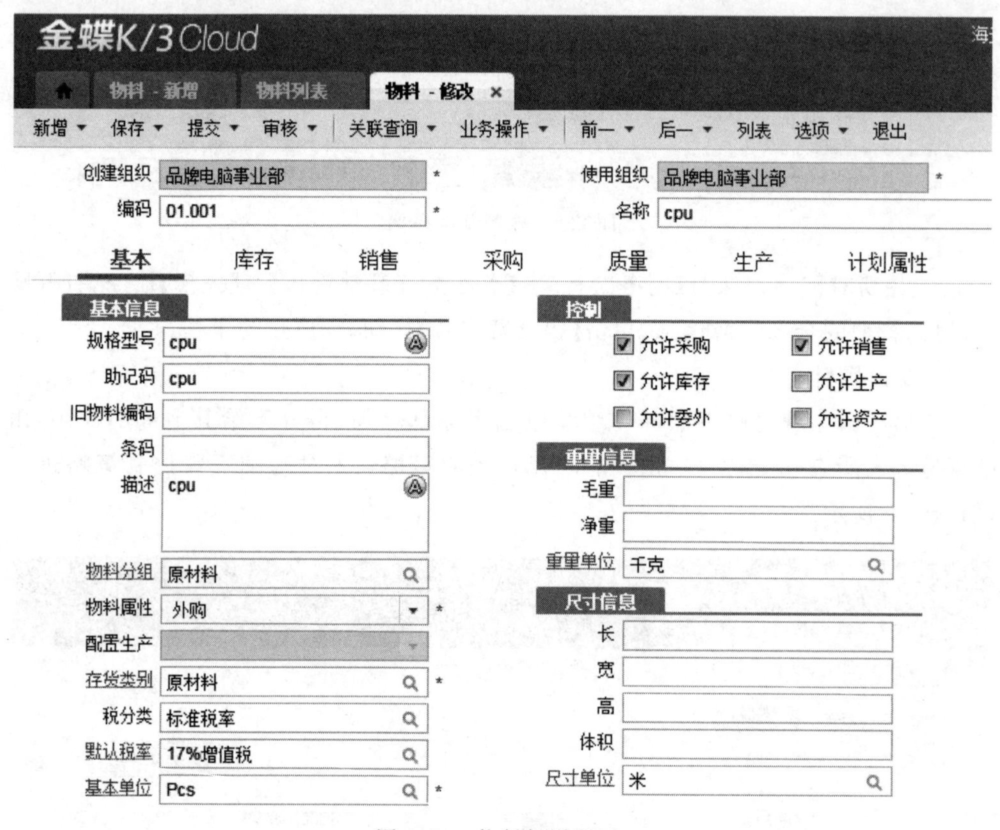

图 2.10　物料新增页面

新增完毕后，也可以将新增的物料分配给其他组织。执行【基础管理】—【基础资料】—【主数据】—【物料列表】命令，打开物料列表页面，勾选你需要分配给其他组织的物料，选择【业务操作】—【分配】，打开分配组织页面，勾选物料接受组织后，单击【确定】按钮完成物料的分配，最后要在物料列表中审核所分配的物料。

其他物料可参考上述方法，根据表 2.7 所给实验数据在图 2.10 所示页面进行新增和分配到对应组织中。

(7) 设置客户信息

① 单击主界面右上方组织显示位置，切换组织到销售公司。

② 新增客户“西门电子公司”。执行【基础管理】—【基础资料】—【主数据】—【客户】命令，打开客户新增页面，根据表 2.8 所给实验数据，填写编码“001”，名称“西门电子公

司”。在上方【基本信息】标签中，选择客户类别为“普通销售客户”，在【商务信息】标签中，选择结算币别为“人民币”，如图 2.11 所示。输入完毕，单击【保存】【提交】【审核】按钮完成客户新增和审核。

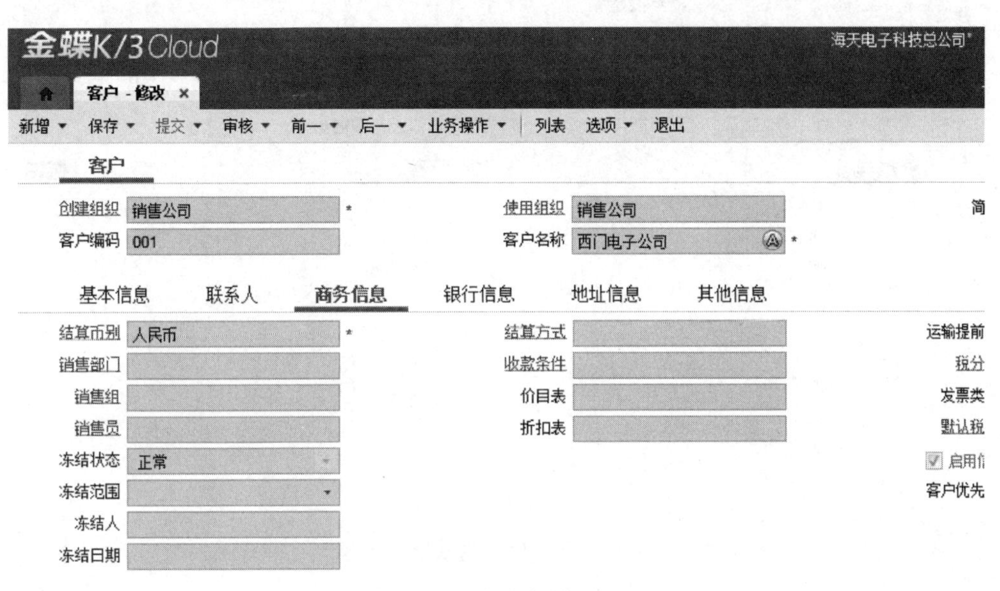

图 2.11　客户新增页面

新增完毕后，也可以将新增的客户分配给其他组织。执行【基础管理】—【基础资料】—【主数据】—【客户列表】命令，打开客户列表页面，勾选你需要分配给其他组织的客户，选择【业务操作】—【分配】，打开分配组织页面，勾选客户接受组织后，单击【确定】按钮完成客户的分配，最后要在客户列表中审核所分配的客户。

③ 其他客户可参考上述方法，根据表 2.8 所给数据在图 2.11 所示页面进行新增和分配到对应组织中。

(8) 设置供应商信息

① 点击右上方组织显示位置，切换组织到海天电子科技总公司。

② 新增供应商“汕头电子零部件有限公司”。执行【基础管理】—【基础资料】—【主数据】—【供应商】命令，打开供应商新增页面，根据表 2.9 所给实验数据，填写编码“001”，名称“汕头电子零部件有限公司”，输入完毕后，单击【保存】【提交】【审核】按钮完成供应商的新增和审核。如果新增的供应商是内部供应商，则必须正确填写【基本信息】标签中的“对应组织”字段。

③ 其他供应商可参考上述方法，根据表 2.9 所给实验数据在图 2.12 所示页面进行新增。

(9) 设置部门信息

① 点击右上方组织显示位置，切换组织到品牌电脑事业部。

② 新增部门“生产物流一部”。编码“BM000001”，名称“生产物流一部”，执行【基础

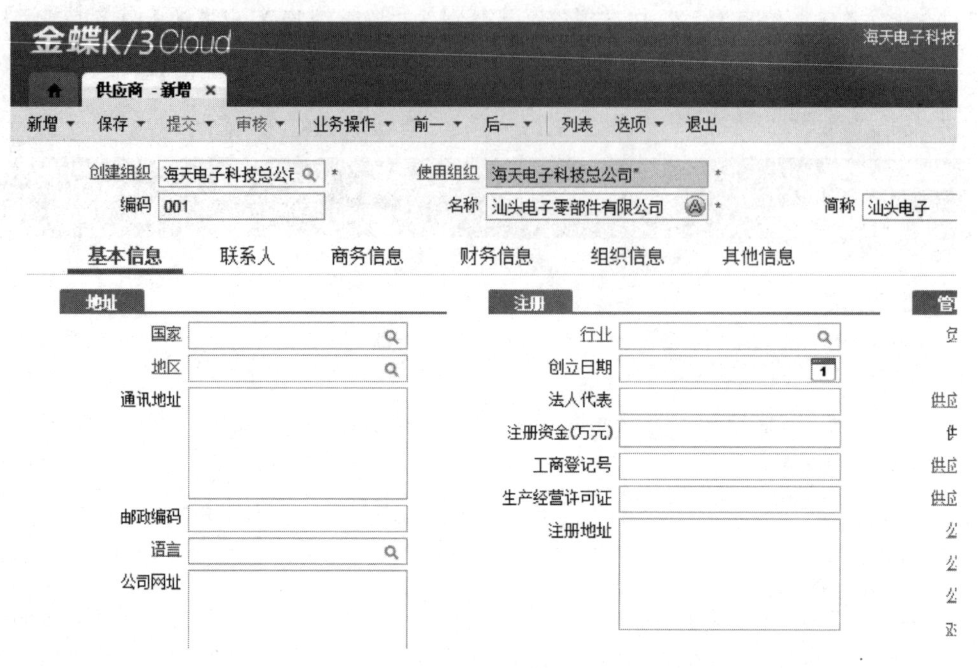

图 2.12 供应商新增页面

管理】—【基础资料】—【主数据】—【部门】命令，打开部门新增页面，根据表 2.10 所给实验数据，填写名称为“生产物流一部”，在【部门属性】标签中选择部门属性为“基本生产部门”，如图 2.13 所示。输入完毕后，单击【保存】【提交】【审核】按钮完成部门新增和审核。

③ 其他部门可参考上述方法，根据表 2.10 所给实验数据在图 2.13 所示页面进行新增。

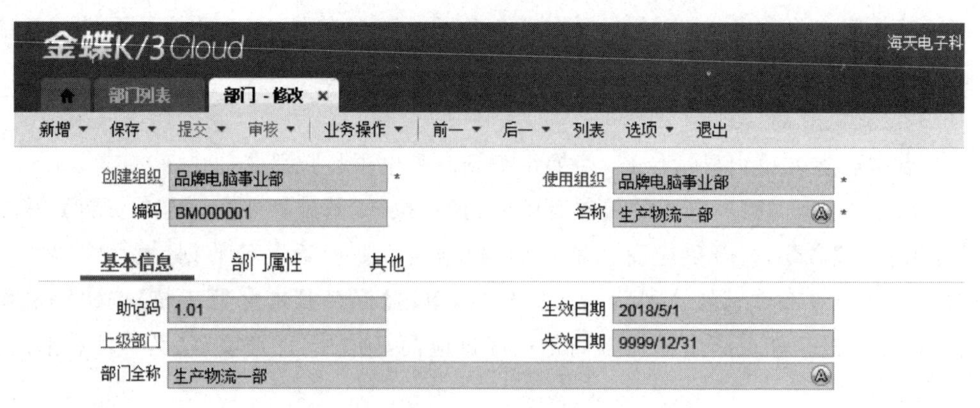

图 2.13 部门新增页面

(10) 设置岗位信息

① 点击右上方组织显示位置，切换组织到品牌电脑事业部。

② 新增岗位“财务主管”。执行【基础管理】—【基础资料】—【公共资料】—【岗位信息】命令，打开岗位信息新增页面。填写名称为“财务主管”，在【基本】页标签中选择“品

牌电脑事业部”,输入完毕后,单击【保存】【提交】【审核】按钮完成岗位信息的新增和审核。

③ 其他岗位可参考上述方法,根据表 2.11 所给实验数据进行新增。

(11) 设置员工信息

① 点击右上方组织显示位置,切换组织到海天电子科技总公司。

② 新增员工“金月”。执行【基础管理】—【基础资料】—【主数据】—【员工】命令,打开员工新增页面,输入员工名称为“金月”,编号为“001”,在【员工任岗信息】标签单击【添加行】按钮,选择就任岗位为“财务”,输入完毕后,单击【保存】【提交】【审核】按钮完成员工信息的新增和审核。

③ 其他员工信息可参考上述方法,根据表 2.11 所给数据进行新增。

(12) 设置业务员

执行【基础管理】—【基础资料】—【公共职能】—【业务员列表】命令,打开业务员列表页面,单击【新增】按钮,打开业务员列表新增页面,在业务员类型中选择“所在岗位”,在下方业务员分录中,可以新增,并选择对应的职员名称,输入完毕后,单击【保存】按钮完成业务员设置。

实验 3　总账初始化数据录入并结束初始化

1. 业务场景

在正式进入当期业务处理之前,金蝶 K/3 Cloud 总账首先要进行初始化工作,包括:录入科目初始数据、公司组织账簿初始余额的试算平衡等。

2. 操作人员

由信息管理员李颖登录设置总账的基础资料并结束总账初始化。

3. 业务数据

(1) 海天电子科技有限公司账簿初始余额,如表 2.12 所示。

表 2.12　海天电子科技有限公司账簿初始余额

科目编码	科目名称	余额方向	币别	汇率	期初余额(原币)
1001	库存现金	借方	人民币	1	300 000
1002.01	建设银行	借方	人民币	1	2 000 000
1002.02	工商银行	借方	港币	0.88	400 000
1002.03	中国银行	借方	美元	6.85	150 000
1122	应收账款	借方	人民币	1	430 000
1221.03	其他应收款——员工往来	借方	人民币	1	5 000

续表

科目编码	科目名称	余额方向	币别	汇率	期初余额(原币)
1403	原材料	借方	人民币	1	760 000
1405	库存商品	借方	人民币	1	14 260 000
1511	长期股权投资	借方	人民币	1	40 000 000
1601	固定资产	借方	人民币	1	25 478 000
1602	累计折旧	贷方	人民币	1	6 840 289
2202.02	明细应付款	贷方	人民币	1	80 000
4001	实收资本	贷方	人民币	1	77 132 211
4101	盈余公积	贷方	人民币	1	560 000

(2) 海天科技公司账簿初始余额,如表 2.13 所示。

表 2.13 海天科技公司账簿初始余额

科目编码	科目名称	余额方向	币别	汇率	期初余额(原币)
1001	库存现金	借方	人民币	1	100 000
1002	建设银行	借方	人民币	1	1 500 000
1002.02	工商银行	借方	港币	0.88	120 000
1002.03	中国银行	借方	美元	6.85	130 000
1122	应收账款	借方	人民币	1	540 000
1221.03	其他应收款——员工往来	借方	人民币	1	7 500
1403	原材料	借方	人民币	1	1 000 000
1405	库存商品	借方	人民币	1	10 000 000
1511	长期股权投资	借方	人民币	1	3 600 000
1601	固定资产	借方	人民币	1	34 560 000
1602	累计折旧	贷方	人民币	1	2 860 000
2202.02	明细应付款	贷方	人民币	1	110 000
4001	实收资本	贷方	人民币	1	48 853 600
4101	盈余公积	贷方	人民币	1	480 000

(3) 品牌电脑事业部账簿初始余额,如表 2.14 所示。

表 2.14 品牌电脑事业部账簿初始余额

科目编码	科目名称	余额方向	币别	汇率	期初余额(原币)
1001	库存现金	借方	人民币	1	90 000
1002	银行存款	借方	人民币	1	860 000
1122	应收账款	借方	人民币	1	260 000
1221.03	其他应收款——员工往来	借方	人民币	1	8 900
1403	原材料	借方	人民币	1	830 000
1405	库存商品	借方	人民币	1	1 230 000
1511	长期股权投资	借方	人民币	1	290 000

续表

科目编码	科目名称	余额方向	币　别	汇　率	期初余额(原币)
1601	固定资产	借方	人民币	1	6 000 000
1602	累计折旧	贷方	人民币	1	1 500 000
2202.02	明细应付款	贷方	人民币	1	100 000
4001	实收资本	贷方	人民币	1	7 318 900
4101	盈余公积	贷方	人民币	1	650 000

(4) 组装电脑事业部账簿初始余额,如表 2.15 所示。

表 2.15　组装电脑事业部账簿初始余额

科目编码	科目名称	余额方向	币　别	汇　率	期初余额(原币)
1001	库存现金	借方	人民币	1	70 000
1002	银行存款	借方	人民币	1	450 000
1122	应收账款	借方	人民币	1	320 000
1221.03	其他应收款——员工往来	借方	人民币	1	6 300
1403	原材料	借方	人民币	1	560 000
1405	库存商品	借方	人民币	1	1 000 000
1511	长期股权投资	借方	人民币	1	400 000
1601	固定资产	借方	人民币	1	4 500 000
1602	累计折旧	贷方	人民币	1	1 200 000
2202.02	明细应付款	贷方	人民币	1	70 000
4001	实收资本	贷方	人民币	1	5 606 300
4101	盈余公积	贷方	人民币	1	430 000

(5) 销售公司账簿初始余额,如表 2.16 所示。

表 2.16　销售公司账簿初始余额

科目编码	科目名称	余额方向	币　别	汇　率	期初余额(原币)
1001	库存现金	借方	人民币	1	120 000
1002	银行存款	借方	人民币	1	750 000
1122	应收账款	借方	人民币	1	680 000
1221.03	其他应收款——员工往来	借方	人民币	1	6 000
1403	原材料	借方	人民币	1	360 000
1405	库存商品	借方	人民币	1	420 000
1511	长期股权投资	借方	人民币	1	380 000
1601	固定资产	借方	人民币	1	2 200 000
1602	累计折旧	贷方	人民币	1	450 000
2202.02	明细应付款	贷方	人民币	1	80 000
4001	实收资本	贷方	人民币	1	3 966 000
4101	盈余公积	贷方	人民币	1	420 000

(6) 上海销售分公司账簿初始余额，如表 2.17 所示。

表 2.17 上海销售分公司账簿初始余额

科目编码	科目名称	余额方向	币别	汇率	期初余额(原币)
1001	库存现金	借方	人民币	1	110 000
1002	银行存款	借方	人民币	1	1 200 000
1122	应收账款	借方	人民币	1	220 000
1221.03	其他应收款——员工往来	借方	人民币	1	7 000
1403	原材料	借方	人民币	1	230 000
1405	库存商品	借方	人民币	1	560 000
1511	长期股权投资	借方	人民币	1	440 000
1601	固定资产	借方	人民币	1	980 000
1602	累计折旧	贷方	人民币	1	150 000
2202.02	明细应付款	贷方	人民币	1	96 000
4001	实收资本	贷方	人民币	1	3 271 000
4101	盈余公积	贷方	人民币	1	230 000

4. 实验指导

(1) 单击右上方组织显示位置，切换到海天电子科技总公司。

(2) 录入“总公司账簿”科目的初始余额。执行【财务会计】—【总账】—【初始化】—【科目初始数据录入】命令，打开科目初始数据录入页面。选择账簿为“总公司账簿”，选择币别为“人民币”，根据总公司账簿的业务数据，如表 2.12 所示，录入人民币初始余额，如图 2.14 所示。输入完毕后，单击【保存】按钮保存。

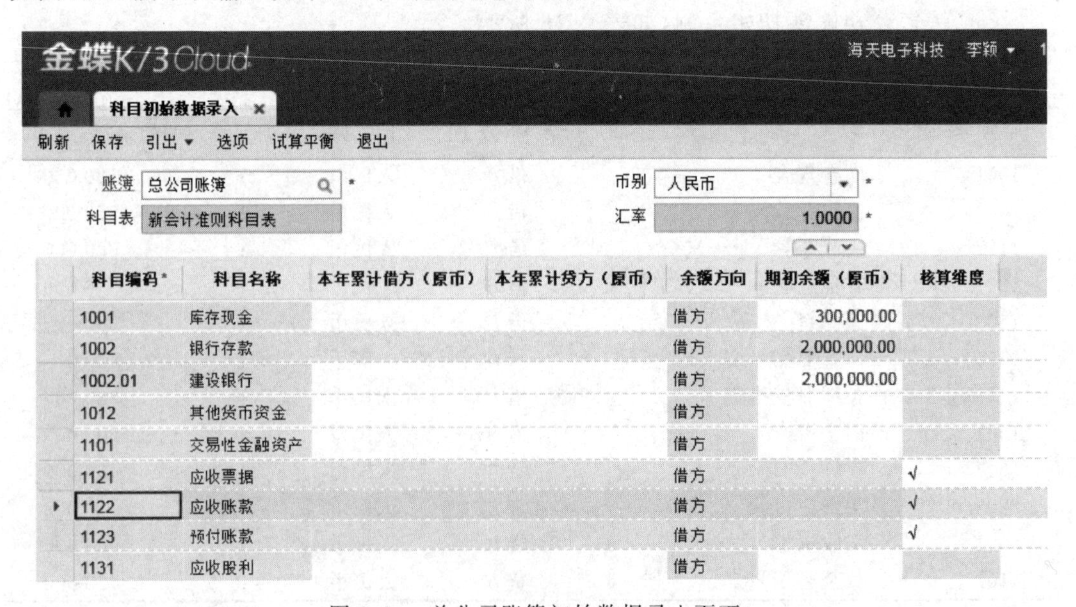

图 2.14 总公司账簿初始数据录入页面

当输入“1002.02”和“1002.03”这样的外币科目余额时，要在币别栏选择对应的币种，并在汇率栏填写对应的汇率，输入完成后单击【保存】按钮。

值得注意：

① 在录入初始数据时，首先根据核算币别的不同，分别录入初始数据，如图 2.14 所示。

② 录入初始数据时，只需录入明细科目的期初余额，即底色为白色的行，灰色的行是非明细科目，由系统自行汇总算出。

③ 对于有核算项目的会计科目，需通过单击对应会计科目行，核算维度列的带有“√”的单元格，如图 2.14 所示，进入分核算项目录入的窗口，其数据内容和普通窗口一样。

④ 例如：客户、供应商、员工等基础资料可以作为核算维度来选择填列，如图 2.15 和图 2.16 所示。

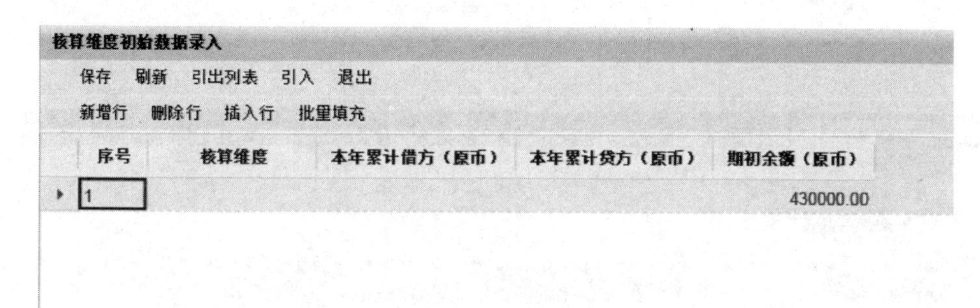

图 2.15 客户初始数据录入页面

新增行 删除行 插入行 批量填充

序号	核算维度	本年累计借方（原币）	本年累计贷方（原币）	期初余额（原币）
1	001/李颖			50000.00

图 2.16 员工初始数据录入页面

（3）当所有会计科目的初始余额按要求录入完毕后，就需要进行所有科目期初余额的试算平衡工作。选择币别为“综合本位币”后，单击上方【试算平衡】按钮，查看总公司账簿初始余额的试算平衡表，如图 2.17 所示。

参照上述方法，根据表 2.13、表 2.14、表 2.15、表 2.16、表 2.17 所给实验数据，完成其他组织账簿的初始余额录入工作，如图 2.18、图 2.19、图 2.20、图 2.21、图 2.22 所示。

（4）结束初始化

执行【财务会计】—【总账】—【初始化】—【总账初始化】命令，打开总账初始化页面，勾选全部账簿后，单击【结束初始化】按钮结束账簿初始化工作，如图 2.23 所示。

值得注意：

① 如果试算结果不平衡，则系统不允许结束初始化。

② 一旦结束初始化，则所有科目的初始数据将不能再修改和录入。

③ 如果发现初始化数据错误，可以通过系统反初始化，再进行修改。

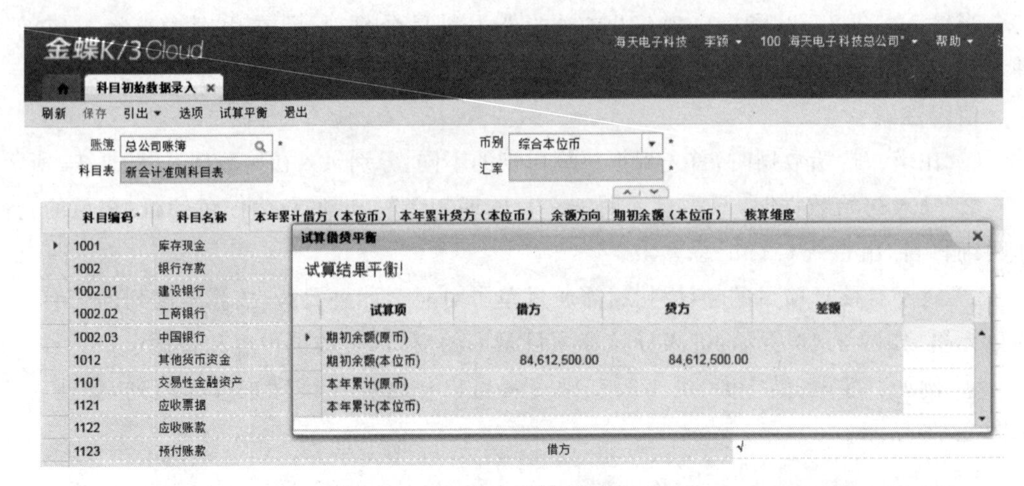

图 2.17 初始余额试算平衡页面

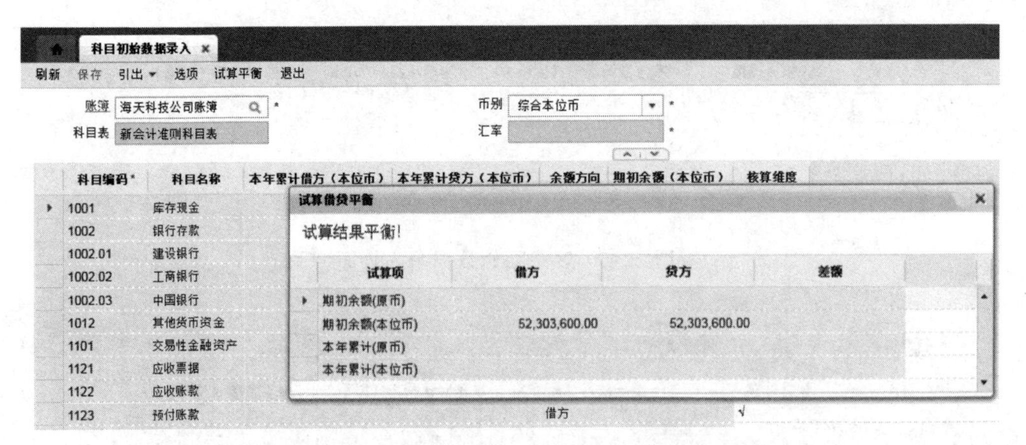

图 2.18 海天科技公司账簿初始余额录入并试算平衡页面

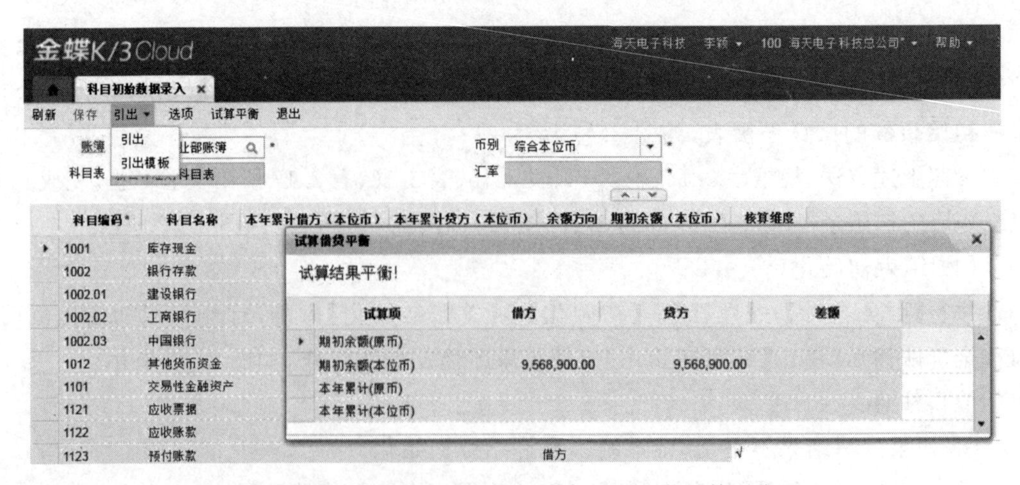

图 2.19 品牌电脑事业部账簿初始余额录入并试算平衡页面

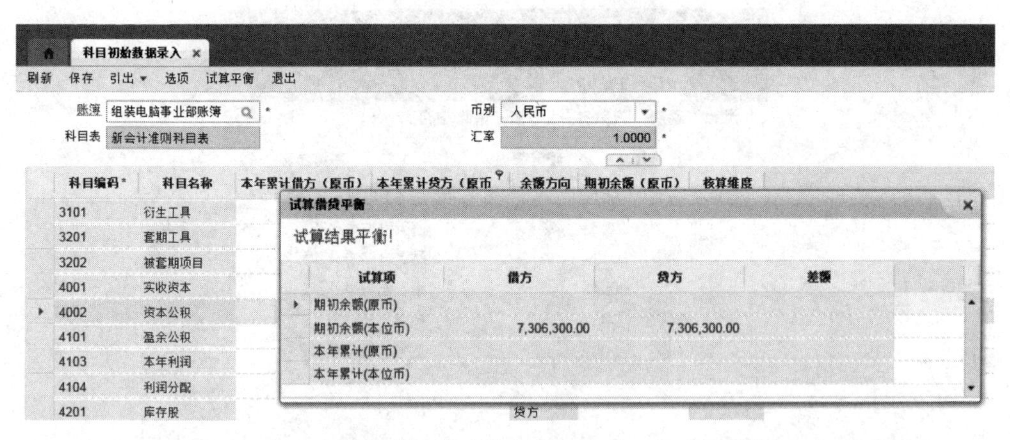

图 2.20　组装电脑事业部账簿初始余额录入并试算平衡页面

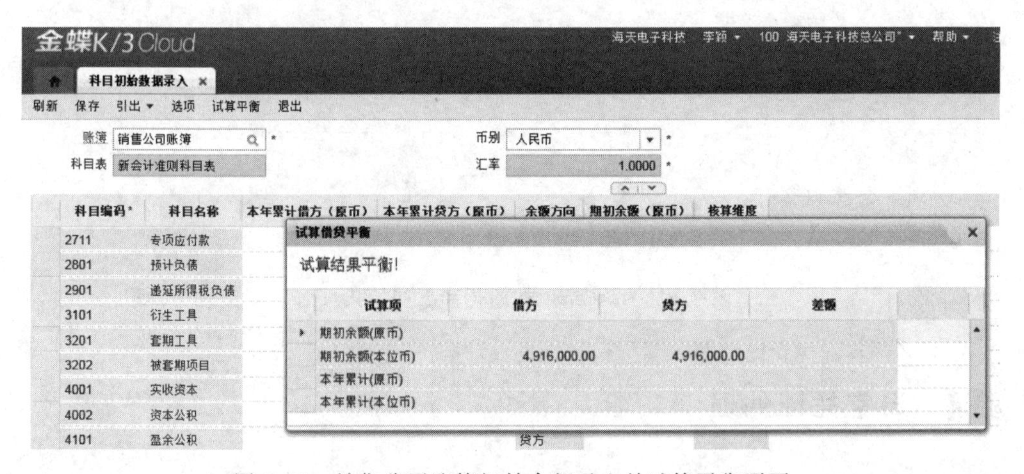

图 2.21　销售公司账簿初始余额录入并试算平衡页面

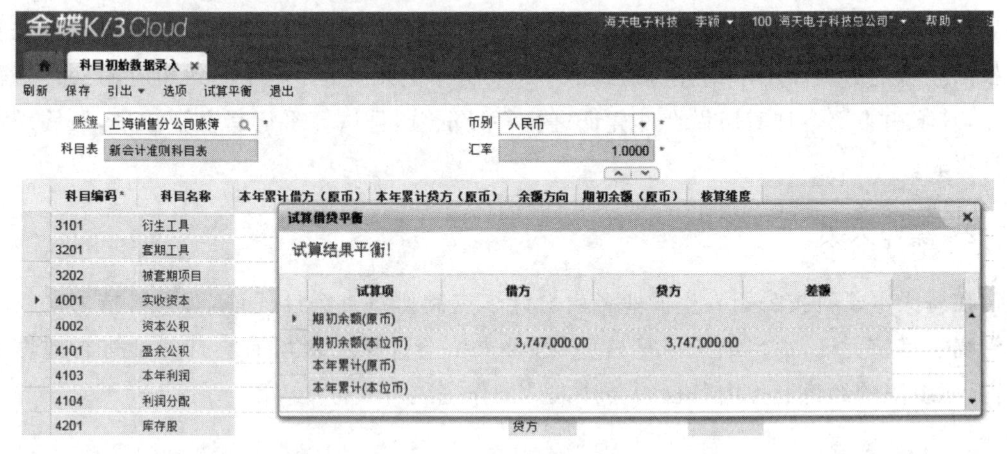

图 2.22　上海销售分公司账簿初始余额录入并试算平衡页面

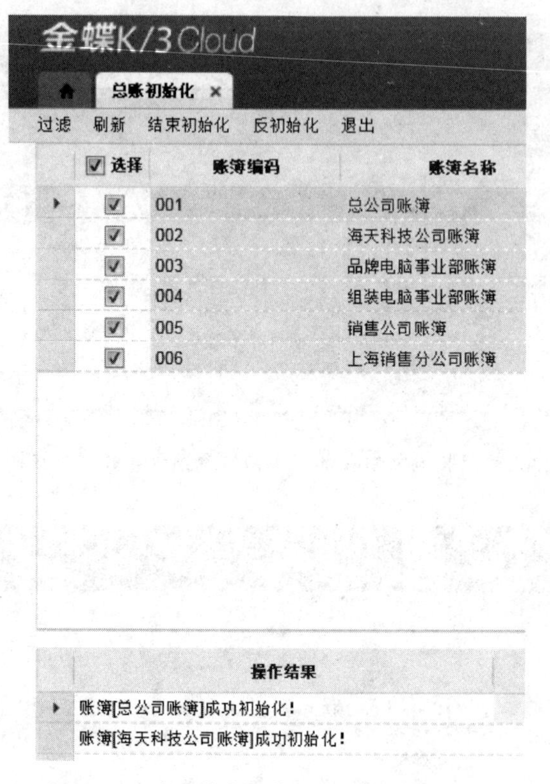

图 2.23 总账结束初始化和反初始化页面

实验 4 日常凭证处理

1. 业务场景

当总账系统初始化结束后，就进入公司日常业务的操作中，财务人员要根据相关要求根据经济业务的原始单据，由被授权的专人制作记账凭证，并登记到相应的会计账簿中去，月末由本部会计对所做会计凭证进行科目汇总，且试算平衡后登记总账，最终编制会计报表。

2. 操作人员

在海天电子科技公司发生的业务由会计李杰制作每月会计凭证，海天科技公司财务主管晓宇审核凭证，由出纳王岳复核凭证，月末由会计李杰对所有会计凭证进行过账处理，其他组织的经济业务由各自的会计人员操作完成。

3. 业务数据

2018 年 5 月发生的经济业务如下。

(1) 5 月 3 日,(品牌电脑账簿)品牌电脑事业部提取现金 5 600 元备用,现金支票号 520。

借:库存现金 5 600

　　贷:银行存款——建设银行 5 600

(2) 5 月 7 日,(海天科技账簿)本部员工王菊偿还借款 6 800 元,编码 00010001。

借:库存现金 6 800

　　贷:其他应收款——王菊 6 800

(3) 5 月 10 日,(总公司账簿)收到某外商投资款 40 000 美元,汇率 6.85,电汇;编号 120。

借:银行存款——中国银行 274 000

　　贷:实收资本 274 000

(4) 5 月 12 日,(总公司账簿)为客户提供售后服务收入 30 000 元,建设银行转账,结算号 901。

借:银行存款——建设银行 30 000

　　贷:其他业务收入 30 000

(5) 5 月 20 日,(品牌电脑事业部账簿)购入西数硬盘一批,400×10 个,转账支票号 356。

借:原材料——西数硬盘 4 000

　　贷:银行存款——建设银行 4 000

(6) 5 月 23 日,(品牌电脑事业部账簿)王勃报销业务通讯费 1 000 元(实报实销)。

借:管理费用-差旅费——品牌电脑事业部(王勃) 1 000

　　贷:库存现金 1 000

(7) 5 月 25 日,(组装电脑事业部账簿)设备维护保养费 23 000 元,结算方式为建行转账,结算编号 756。

借:制造费用——维护保养费 23 000

　　贷:银行存款——建设银行 23 000

(8) 5 月 28 日,(总公司账簿)收到某港商投资款 70 000 港元,汇率 0.88,电汇;编号 220。

借:银行存款——工商银行 616 000

　　贷:实收资本 616 000

(9) 5 月 30 日,(总公司账簿)结转工资 150 000 元。

借:管理费用——工资 150 000

　　贷:应付职工薪酬 150 000

4. 实验指导

(1) 凭证录入

假定以品牌电脑事业部会计丁武身份登录系统,执行【财务会计】—【总账】—【凭证管理】—【凭证录入】命令,打开凭证录入新增页面。按照实验数据提供的相关资料正确输入记账凭证，如图 2.24 所示。录入完毕后，单击【保存】按钮完成第一张凭证的输入（图中借方应为“库存现金”科目）。

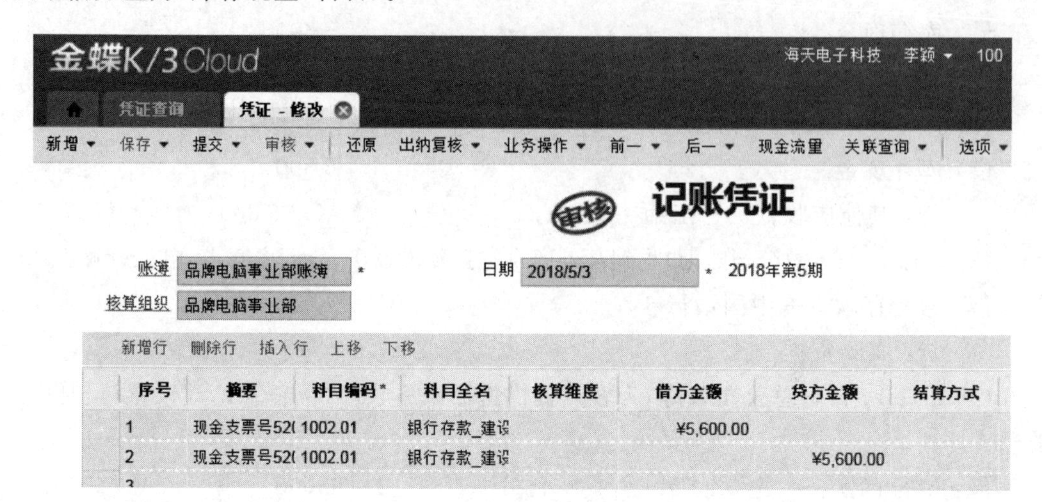

图 2.24 凭证录入页面 1

参考第一张凭证制作的方法，把其余 8 张凭证全部输入，如图 2.25 至图 2.32 所示。

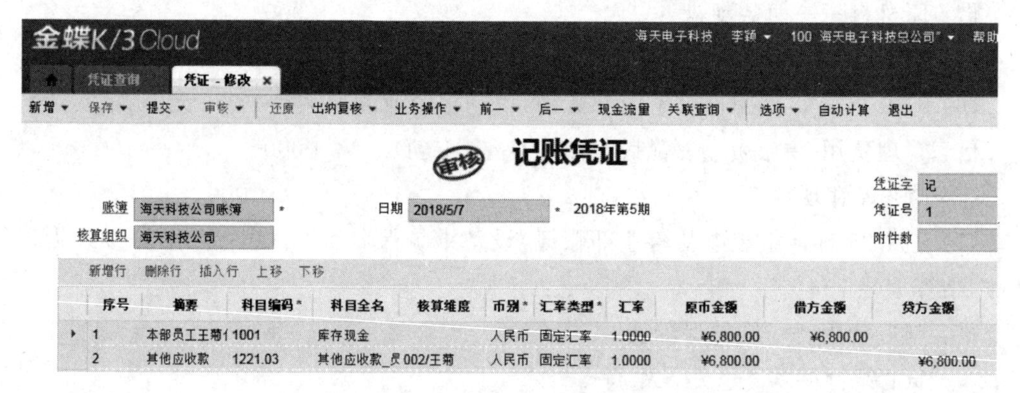

图 2.25 凭证录入页面 2

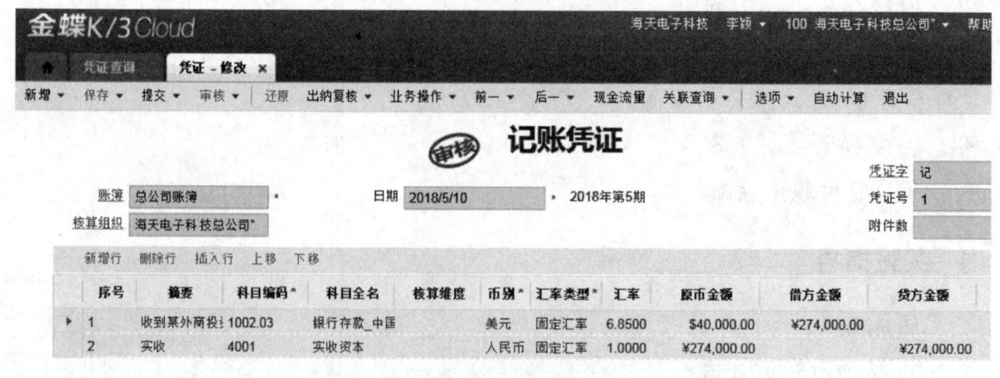

图 2.26 凭证录入页面 3

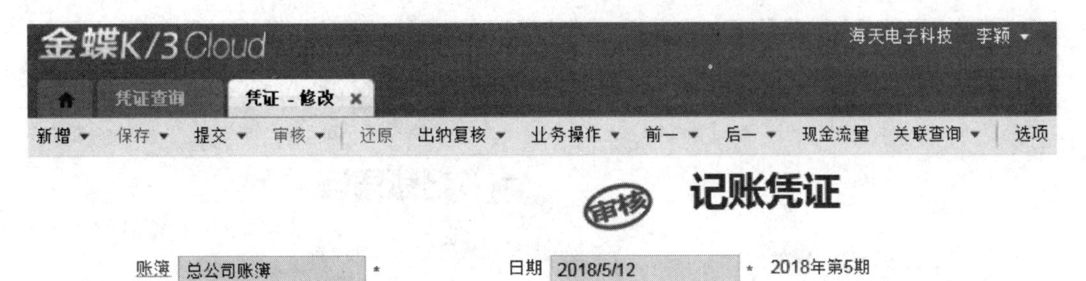

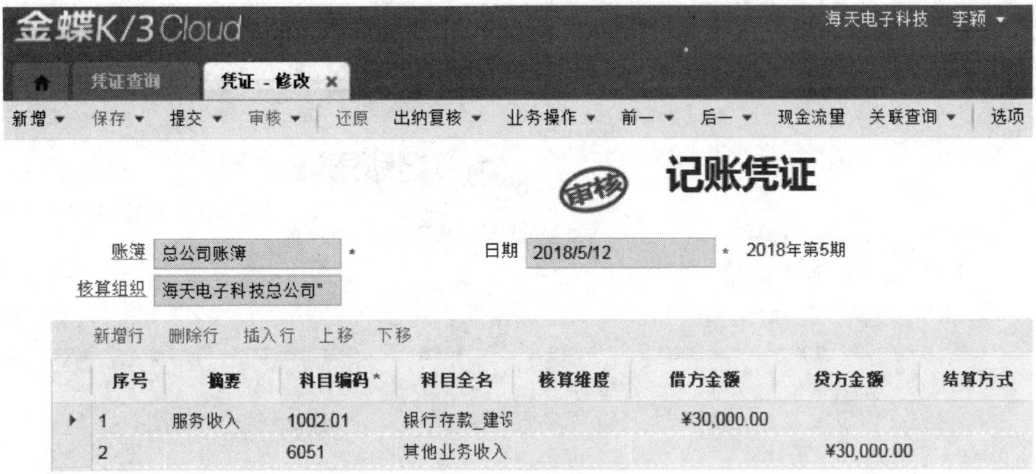

金蝶K/3 Cloud
海天电子科技　李颖
凭证查询　凭证 - 修改
新增　保存　提交　审核　还原　出纳复核　业务操作　前一　后一　现金流量　关联查询　选项
审核
记账凭证
账簿　总公司账簿
日期　2018/5/12　2018年第5期
核算组织　海天电子科技总公司"
新增行　删除行　插入行　上移　下移
序号　摘要　科目编码*　科目全名　核算维度　借方金额　贷方金额　结算方式
1　服务收入　1002.01　银行存款_建设　¥30,000.00
2　6051　其他业务收入　¥30,000.00

图 2.27　凭证录入页面 4

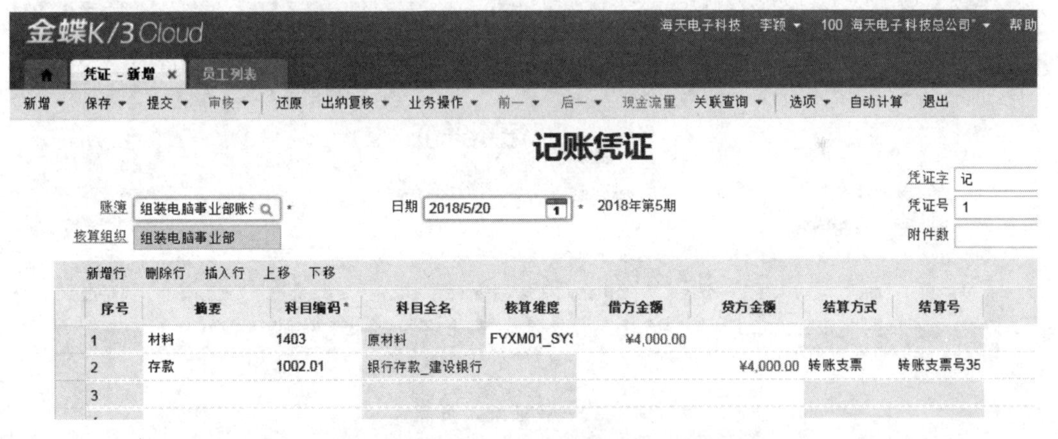

金蝶K/3 Cloud
海天电子科技　李颖　100 海天电子科技总公司"　帮助
凭证 - 新增　员工列表
新增　保存　提交　审核　还原　出纳复核　业务操作　前一　后一　现金流量　关联查询　选项　自动计算　退出
记账凭证
凭证字　记
凭证号　1
附件数
账簿　组装电脑事业部账
日期　2018/5/20　2018年第5期
核算组织　组装电脑事业部
新增行　删除行　插入行　上移　下移
序号　摘要　科目编码*　科目全名　核算维度　借方金额　贷方金额　结算方式　结算号
1　材料　1403　原材料　FYXM01_SY　¥4,000.00
2　存款　1002.01　银行存款_建设银行　¥4,000.00　转账支票　转账支票号35
3

图 2.28　凭证录入页面 5

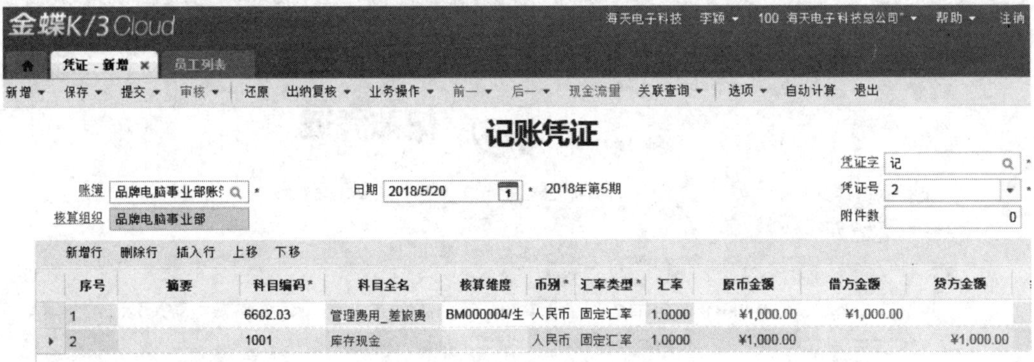

金蝶K/3 Cloud
海天电子科技　李颖　100 海天电子科技总公司"　帮助　注销
凭证 - 新增　员工列表
新增　保存　提交　审核　还原　出纳复核　业务操作　前一　后一　现金流量　关联查询　选项　自动计算　退出
记账凭证
凭证字　记
凭证号　2
附件数　0
账簿　品牌电脑事业部账
日期　2018/5/20　2018年第5期
核算组织　品牌电脑事业部
新增行　删除行　插入行　上移　下移
序号　摘要　科目编码*　科目全名　核算维度　币别*　汇率类型*　汇率　原币金额　借方金额　贷方金额
1　6602.03　管理费用_差旅费　BM000004/生　人民币　固定汇率　1.0000　¥1,000.00　¥1,000.00
2　1001　库存现金　人民币　固定汇率　1.0000　¥1,000.00　¥1,000.00

图 2.29　凭证录入页面 6

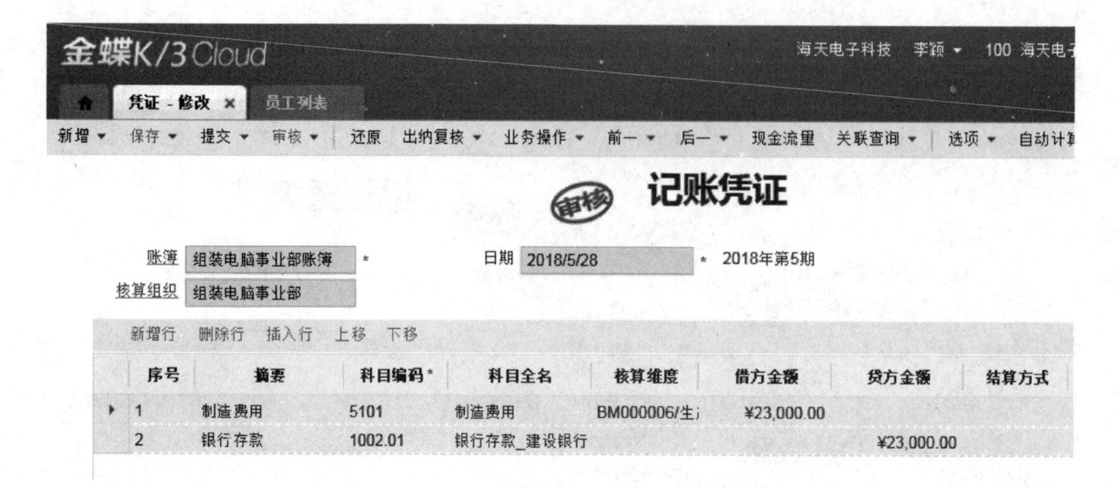

图 2.30　凭证录入页面 7

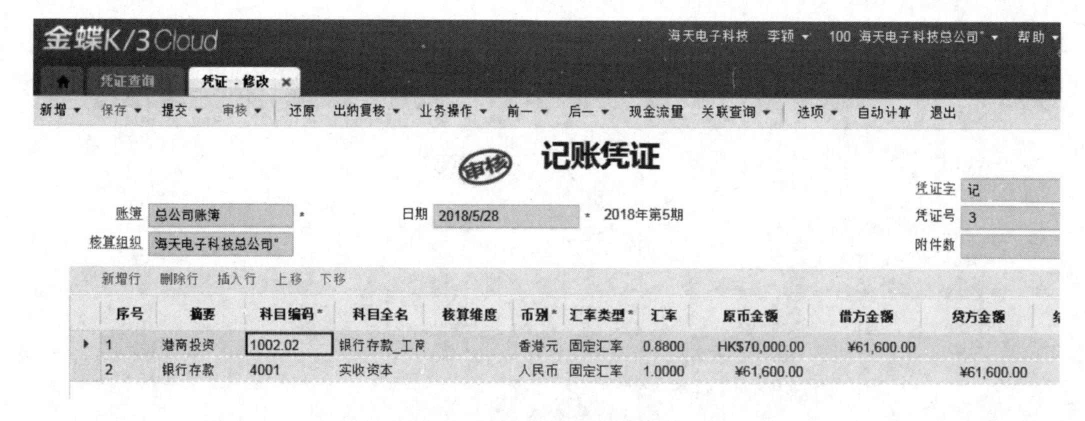

图 2.31　凭证录入页面 8

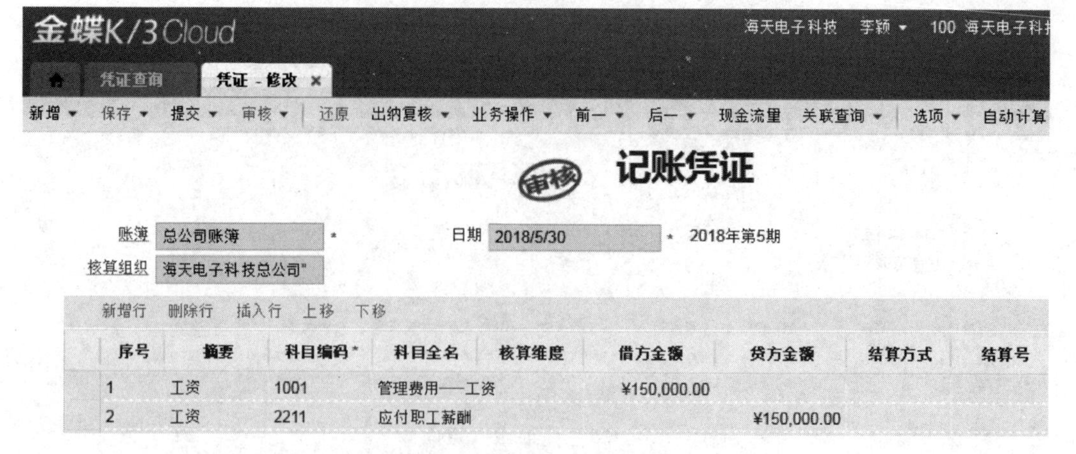

图 2.32　凭证录入页面 9

值得注意：

① 在凭证录入过程中，每张凭证所必须的摘要内容，可以通过手工输入，也可以从摘要库中调用。

② 对于有一些经常要使用到只涉及金额修改的会计凭证，可以使用系统中的“模式凭证”功能(即：保存模式凭证和调用模式凭证)来加快会计凭证的填制。

③ 凭证输入时，可以通过键盘上的F8键来查询科目代码等相关信息。

④ 当会计科目设置外币核算时或选中工具栏【选项】菜单组下的【外币】时，会显示“币别”“汇率类型”和“汇率”这三项。系统默认显示账簿的记账本位币、默认汇率类型和汇率。如果勾选了总账系统参数之“凭证中的汇率允许手工修改”这项，则用户可以修改汇率；否则，只能使用汇率体系中的汇率信息。

⑤ 如果填制的凭证错误，在未审核前可以由原制单人直接修改；如果已经审核但尚未记账，则可以反审核，然后修改；如果已经记账，则可以使用系统的“凭证冲销”功能，先生成一张红字凭证，再制作一张正确的蓝字凭证加以审核、记账。未经审核和过账的凭证也可以直接删除，通常删除是不可逆操作，无法恢复。已经审核或过账的凭证是不能被删除的。

(2) 凭证复核

以海天电子科技公司为例，当公司相关凭证制作完毕后，可以出纳王岳身份登录系统，执行【财务会计】—【总账】—【凭证管理】—【出纳复核】命令，打开出纳复核页面。勾选相关凭证，单击【出纳复核】按钮，完成出纳复核工作。

(3) 凭证审核

以海天电子科技公司为例，当公司相关凭证制作并复核完毕后，可以以财务主管晓宇身份登录系统，执行【财务会计】—【总账】—【凭证管理】—【凭证审核】命令，打开凭证审核页面。勾选相关凭证，依次单击【提交】【审核】命令按钮完成凭证审核工作(参看前面“凭证录入页面”图上的红色椭圆形“审核”图章，)，凭证一旦审核后就不能再进行修改，但可以通过反审核的方式进行修改。

(4) 凭证过账

以海天科技公司为例，当相关凭证制作、复核并审核过后，可以会计李杰身份登录系统，执行【财务会计】—【总账】—【凭证管理】—【凭证过账】命令，打开凭证过账页面。勾选所要过账的账簿并设置过账范围后，单击【过账】按钮，完成账簿凭证的过账工作，其他组织部门的凭证可以比照上述方法来完成凭证的制作、复核、审核和过账的工作。如图2.33所示。

值得注意：

① 金蝶K/3 Cloud系统的过账工作，可以每天、每周或月末进行。

② 在凭证过账之前，也可以随时查询各种明细账下的登记账簿记录、多栏账、总账、余额表等内容。

	账簿编码	账簿名称	账簿类型	当前会计期间	过账范围	指定日期
☑	001	总公司账簿	主账簿	2018.5	所有符合条件凭证	
☑	002	海天科技公司账簿	主账簿	2018.5	所有符合条件凭证	
☑	005	销售公司账簿	主账簿	2018.6	所有符合条件凭证	
☑	003	品牌电脑事业部账簿	主账簿	2018.5	所有符合条件凭证	
☑	004	组装电脑事业部账簿	主账簿	2018.5	所有符合条件凭证	
☑	006	上海销售分公司账簿	主账簿	2018.6	所有符合条件凭证	

图 2.33 凭证过账页面

③ 过账操作之前，要打开【凭证查询】功能的【业务操作-凭证整理】菜单进行账簿的凭证断号检查，账簿待过账凭证如果存在断号，系统是不允许过账的，凭证过账后不可以反过账。

（5）输出表单

① 凭证汇总表

执行【财务会计】—【总账】—【凭证管理】—【凭证汇总表】命令，弹出【过滤条件】对话框，选择需要查询的账簿，币别选择【综合本位币】，单击【确定】按钮，进入凭证汇总表页面，系统列出了对应账簿在指定日期会计科目的借方发生额和贷方发生额汇总数。

② 总分类账

执行【财务会计】—【总账】—【账簿】—【总分类账】命令，弹出【过滤条件】对话框，单击【确定】按钮，进入总分类账窗口，系统列出了指定期间指定会计科目的期初余额、本期借方发生额合计及贷方发生额合计、期末余额。

实验 5 期末调汇

1. 业务场景

月末对有外币业务的会计凭证，需要根据记账汇率对科目余额做出必要的调整。

2. 操作人员

分别由王菊和李杰负责相关账簿进行期末调汇的操作，生成相应的调汇凭证，由李颖和财务主管李杰负责审核凭证，系统管理员李颖进行凭证过账。

3. 业务数据

2018 年 5 月 31 日，美元汇率 6.85，港币汇率 0.88（与期初相同，不会产生汇兑损益，如果汇率发生变化，就会发生汇兑损益)，在海天电子科技有限公司和海天科技公司账簿中需要对外币账户进行期末调汇，汇兑损益计入财务费用。

4. 实验指导

(1) 修改汇率

以海天科技公司为例，会计李杰登录系统，执行【财务会计】—【总账】—【基础资料】—【汇率体系】命令，进入汇率体系页面。选择【固定汇率】，单击【新增】按钮，新增一个汇率，原币为美元，目标币为人民币，直接汇率为6.80，生效日期为"2018-05-31"，失效日期为"2018-06-29"。依次【保存】【提交】【审核】。同样方法修改港币汇率。

(2) 调汇

以海天科技公司为例，会计李杰登录系统，执行【财务会计】—【总账】—【期末处理】—【期末调汇】命令，打开【期末调汇】向导。选择账簿为"海天科技公司"，单击【下一步】按钮，选择汇兑损益科目为"6603.03 汇兑损益"；凭证日期为"2018-05-31"，凭证字为"记"，凭证摘要为"结转汇兑损益"；单击【下一步】按钮系统会自动生成一张凭证。单击【完成】按钮，完成期末调汇的工作。

期末调汇生成的凭证也需要审核、过账工作，方法参见前面的介绍。如图2.34所示。

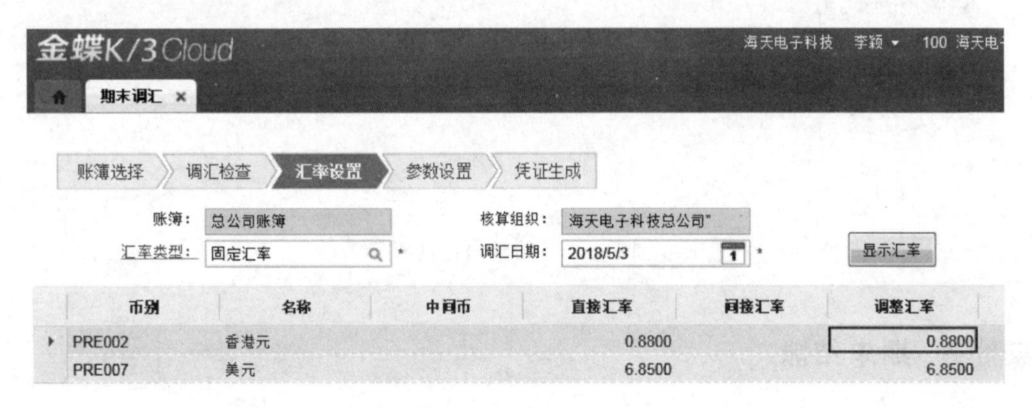

图2.34　期末调汇页面

实验6　结转损益

1. 业务场景

期末为了正确编制利润表，需要将所有损益类科目实际发生额自动转入"本年利润"科目，计算本期的利润总额。

2. 操作人员

海天科技公司会计李杰负责进行自动结转损益操作，由海天科技公司财务主管晓宇审核凭证，李杰进行会计凭证过账。

3. 业务数据

5 月 31 日，将所有损益类科目实际发生额结转到“本年利润”科目中，凭证类型为“损益”，凭证生成方式为“按普通方式结转”。

4. 实验指导

以海天科技公司为例，会计李杰登录系统，执行【财务会计】—【总账】—【期末处理】—【结转损益】命令，打开【结转损益】向导，按系统提示完成相关工作。

结转损益生成的凭证也需要审核、过账工作，方法参见前面的介绍。如图 2.35 所示（由于凭证未过账，所以显示损益类科目余额为零）。

值得注意：损益类科目结转到本年利润科目必须使用系统提供的结转损益功能，否则将影响损益表的正确性。

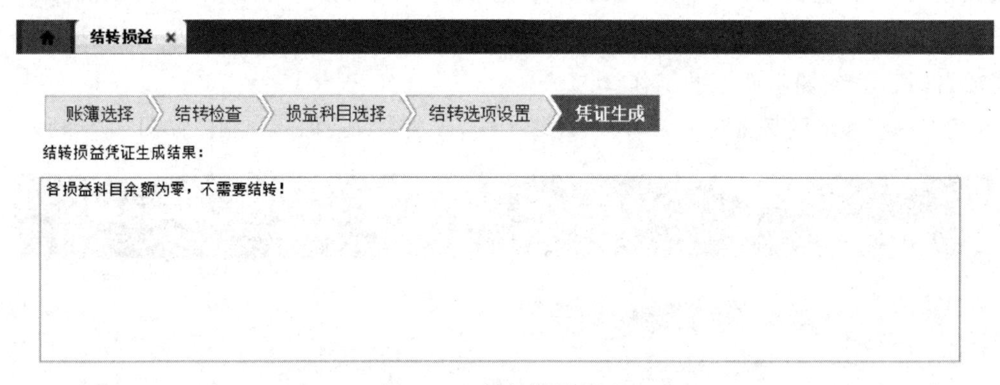

图 2.35　结转损益页面

实验 7　期末结账

1. 业务场景

在本期所有的会计业务全部处理完毕后，就可以进行期末结账工作了。系统的数据处理都是针对本期的，要进行下一期间的处理，必须要将本期的业务凭证全部进行结账处理后才能进入下一期间的工作。

2. 操作人员

信息管理员李颖负责进行期末结账操作。

3. 业务数据

将系统时间调整为“2018-05-31”，接上面继续操作。

4. **实验指导**

执行【财务会计】—【总账】—【期末处理】—【总账期末结账】命令，打开期末结账页面，勾选相关账簿后单击【结账】按钮完成结账工作，如图 2.36 所示，系统将会进入下一个会计期间。

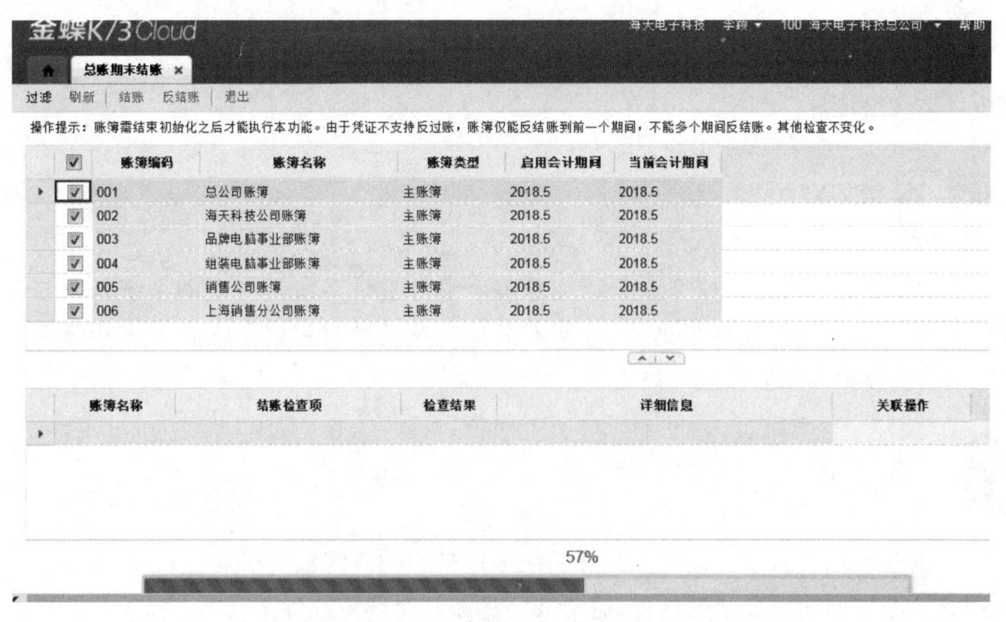

图 2.36　总账期末结账页面

值得注意：期末结账是本期工作的最后一项工作，一定要在确保前面所有工作准确完成后才能进行。虽然系统提供了反结账功能，但一旦反结账，你所做的前面工作可能会被删除，改动，所以，不建议操作此项功能。

实训活动

活动要求

- 在安装有金蝶 K/3 Cloud 软件的实验室，恢复第一章的数据中心数据。
- 了解实验案例总账核算业务系统的参数设置和初始化等操作。
- 了解实验案例总账系统日常业务处理的流程，包括：凭证录入、凭证审核、凭证记账、月末计提、结转损益、凭证汇总和结转下期。

活动内容

- 进行实验模拟——总账业务设置。
- 实验 1　设置系统参数。
- 实验 2　设置总账基础资料。

◆ 实验 3　总账初始化数据录入并结束初始化。

◆ 实验 4　日常凭证处理。

◆ 实验 5　期末调汇。

◆ 实验 6　结转损益。

◆ 实验 7　期末结账。

活动评价

通过实训,结合教学大纲要求的教学时数,统计第二章的学习进度、熟练程度以及学习质量来做出评价。

本章小结

本章要重点了解总账核算业务系统是整个财务会计系统最核心的系统。它与各个业务子系统无缝连接,实现数据共享,所有其他系统的数据最终都会在总账中体现。所进行的实验模拟操作要保证准确完整。

思考题

1. 为什么说总账系统是财务会计系统中最核心的系统?

2. 一个完整的财务处理流程,通常要经过哪几个环节或者步骤?

3. 总账系统初始化主要包括哪些项目?

4. 录入账簿初始数据后试算平衡时,为什么要将币别设置到"综合本位币"?

5. 在总账管理参数设置时,为什么要在利润分配栏内选择"利润分配"科目?在本年利润栏内选择"本年利润"?如果不这样设置,对总账系统有什么影响?

6. 对于已经制作完成的凭证,如果发现错误,分别回答在以下三种情况下的处理方法:①未审核;②已审核但未过账;③已过账。

7. 如何进行期末调汇?

8. 总账系统期末结账前,应该注意什么?

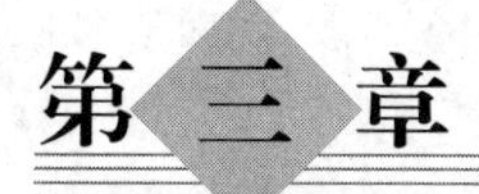

应收管理业务系统

学习目标

- 了解海天电子科技有限公司的应收管理业务系统。
- 掌握金蝶 K/3 Cloud 软件之应收管理系统初始设置、日常往来业务处理、应收款管理对账和结账的具体操作。

3.1 应收管理系统概述

随着市场经济的发展,企业为了扩大销售,大部分的销售业务都是赊销业务。因此对应收账款的管理已经是企业信用风险控制的重要课题之一。

企业除了销售产生的应收款项外,还会有其他原因产生的一些应收款项,例如应向职工收取的各项垫付款项,如为职工垫付的水电费、应由职工负担的医药费、房租等;应收的各种赔款、罚款,如因企业财产等遭受意外损失而应向有关保险公司收取的赔款;对员工损坏办公设备等的罚款等。

应收款管理系统通过应收款确认、到期收款、应收收款核销、应收开票核销、期末处理、报表分析达到对应收款的精细化管理。其中应收款确认分为对销售应收的确认和对其他应收的确认。而到期收款即为出纳管理系统的收款功能,会在出纳管理系统详细介绍。

3.2 应收管理系统总体流程

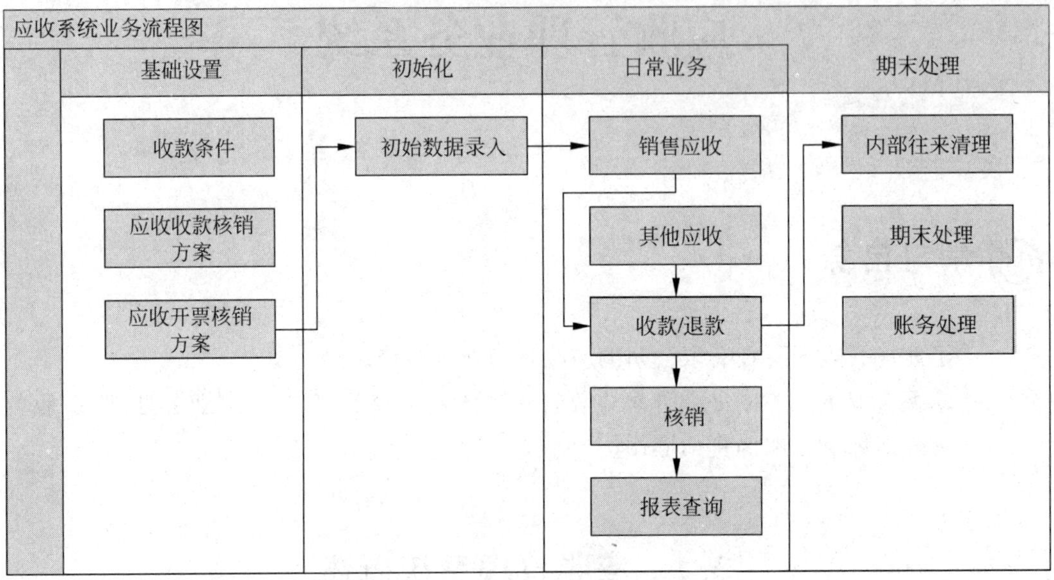

应收系统业务流程图

基础设置：收款条件；应收收款核销方案；应收开票核销方案

初始化：初始数据录入

日常业务：销售应收；其他应收；收款/退款；核销；报表查询

期末处理：内部往来清理；期末处理；账务处理

图 3.1 应收款管理系统业务流程图

3.3 应收管理系统业务操作流程

1. 基础业务资料设置，部分数据如果用户由于已经使用供应链、总账等模块已经设置，则在使用应收款模块时不需要再单独设置。

序号	业务操作	责任人
1	设置客户、币别、结算方式、物料	往来会计
2	设置销售部门、销售组、销售员	往来会计
3	设置组织信息、账簿信息、汇率体系等	往来会计

2. 设置系统参数

序号	业务操作	责任人
1	进入【财务会计】—【应收款管理】—【参数设置】—【应收款管理参数】	主管会计

3. 维护基础方案资料

序号	业务操作	责任人
1	进入【财务会计】—【应收款管理】—【基础资料】—【收款条件】、【应收收款核销方案】、【应收开票核销方案】	主管会计

4. 系统初始化设置

序号	业务操作	责任人
1	设置系统启用日期。进入【财务会计】—【应收款管理】—【初始化】—【启用日期设置】	主管会计
2	录入期初单据，包括期初应收单、期初其他应收单、期初收款单、期初收款退款单，进入【财务会计】—【应收款管理】—【初始化】—【期初应收单】(期初其他应收单、期初收款单或者期初收款退款单)	主管会计
3	结束初始化，进入【财务会计】—【应收款管理】—【初始化】—【结束初始化】结束初始化工作在第一次结账前进行即可，即录入初始单据和录入第一期单据可以同时进行。	主管会计

5. 日常业务操作

序号	业务操作	责任人
1	日常业务操作包括录入应收单、其他应收单、收款单、收款退款单等。应收单：进入【财务会计】—【应收款管理】—【销售应收】—【应收单新增】；应收单：进入【财务会计】—【应收款管理】—【其他应收】—【其他应收单增】；收款单：进入【财务会计】—【应收款管理】—【收款】—【收款单】【收款退款单】	往来会计

3.4　实验模拟——应收往来业务处理

本章实验包括：

实验 1　应收管理系统初始设置

实验 2　日常往来业务处理

实验 3　应收款管理对账和结账

实验 1　应收管理系统初始设置

1. 业务场景

掌握应收管理系统初始化设置方法。

2. 操作人员

由销售公司会计张娜对公司的应收管理系统进行初始化业务操作。

3. 业务数据

设置启用日期为 2018 年 5 月 1 日，并进行出纳管理启用日期设置、应收款管理、初始化设置、应收款管理启用日期等操作。

公司从 2018 年 5 月开始上线金蝶 K/3 Cloud 平台，此月的期初应收业务余额，如表 3.1 所示。

表 3.1 期初应收账款余额

业务日期	客户	结算组织	产品	含税价格	数量	税率
2018 年 4 月 30 日	光宇公司	销售公司	品牌电脑	10 170	100	17%
2018 年 4 月 30 日	振鑫公司	销售公司	主机	5 650	300	17%

4. 操作指导

(1) 启用日期设置

由销售公司会计张娜登录金蝶 K/3 Cloud 主控台。执行【财务会计】—【出纳管理】—【初始化】—【启用日期设置】命令，选择组织为“销售公司”，启用日期为“2018-05-01”，单击工具栏上【启用】按钮。

销售公司会计张娜登录金蝶 K/3 Cloud 主界面，执行【财务会计】—【应收款管理】—【初始化】—【启用日期设置】命令，勾选所有组织，并设置启用日期为“2018-05-01”，如图 3.2 所示，单击工具栏上【启用】按钮。

金蝶K/3 Cloud　海天电子科技　李颖　100 海天电

应收款启用日期设置

刷新　启用　反启用　退出

结算组织编码	结算组织名称	结算组织描述	启用日期	状态
101.01	海天科技公司本部		2018-05-01	启用
101.02	品牌电脑事业部		2018-05-01	启用
101.03	组装电脑事业部		2018-05-01	启用
102	销售公司		2018-05-01	启用
102.01	上海销售分公司		2018-05-01	启用

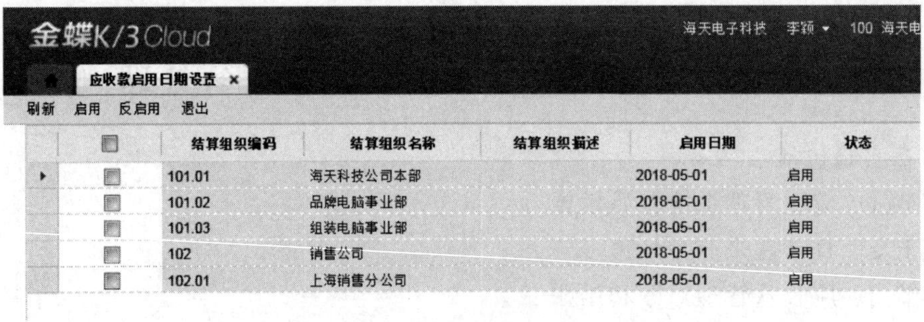

图 3.2 应收款启用日期设置页面

(2) 录入期初业务单据

① 新增期初业务单据

由销售公司会计张娜登录 K/3Cloud 主界面，执行【财务会计】—【应收款管理】—【初始化】—【期初应收单】命令，根据表 3.1 所给的实验数据，按照系统给出的页面项目录入“光宇公司”和“振鑫公司”两家公司的应收单信息，然后单击【保存】【提交】【审核】按钮，完成期初应收单的新增和审核工作。

② 结束初始化

由销售公司会计张娜登录系统，执行【财务会计】—【应收款管理】—【初始化】—【应收款结束初始化】命令，选择所有组织结束初始化，单击工具栏上的【结束初始化】按钮完成初始化工作。

实验2 日常往来业务处理

1. 业务场景

假定公司以应收单来确认公司销售产品的应收账款。

2. 操作人员

由销售公司会计张娜负责应收系统的业务操作，销售公司财务主管朱玉负责收款单的业务操作。

3. 业务数据

(1) 应收单录入

销售公司向上海清文电器有限公司销售电脑主机，上海销售分公司向西门电子公司销售组装电脑。由张娜制作应收单，详细销售情况见表3.2所示。

表3.2 应 收 单

业务日期	客 户	结算组织	币 别	产 品	含税单价	数 量	税 率
2018.5.11	上海清文电器有限公司	销售公司	港元	电脑主机	6 500	100	17%
2018.5.24	西门电子公司	上海销售分公司	美元	组装电脑	8 000	50	17%

(2) 其他应收单录入

江苏电子设备有限公司向上海销售分公司租借包装物，应收取包装物押金，由上海销售分公司会计倪丹制作应收单，详细情况如表3.3所示。

表3.3 其他应收单

业务日期	往来单位	结算组织	费用项目	总 金 额
2018.5.14	江苏电子设备有限公司	上海销售分公司	出租包装物押金	5 400

(3) 其他应收单下推生成收款单

2018年5月14日，江苏电子设备有限公司向上海销售分公司支付包装物押金5 400元(假设是以现金方式结算)，上海销售分公司出纳管彤根据其他应收单下推生成收款单。

(4) 新增收款单

当月收到客户光宇公司支付的品牌电脑款800 000元和深圳惠慕电器有限公司主机款75 000元，上海销售分公司出纳管彤新增两张收款单，详细情况如表3.4所示。

表 3.4 收 款 单

业务日期	付款单位	结算组织	结算方式	币别	应收金额
2018.5.14	光宇公司	上海销售分公司	电汇	人民币	800 000
2018.5.25	深圳惠慕电器有限公司	上海销售分公司	电汇	人民币	75 000

（5）应收收款核销

上海销售分公司会计倪丹对以上两笔进行匹配核销。

（6）应收转销

销售公司会计张娜将应收客户上海清文电器有限公司品牌电脑销售款 650 000 元进行转销，转出客户为“上海清文电器有限公司”，转入客户为“深圳惠慕电器有限公司”，详细情况如表 3.5 所示。

表 3.5 应 收 单

业务日期	客户	结算组织	产品名称	含税单价	计价数量	税率
2018.5.5	上海清文电器有限公司	销售公司	品牌电脑	6 500	100	17%

（7）内部应收清理

销售公司需要对办公用电脑进行更新换代，从上海销售分公司内部购置品牌电脑 20 台，后因实际业务情况全部退回电脑。销售公司会计张娜进行相关业务操作。详细情况见表 3.6 所示。

表 3.6 应 收 单

业务日期	客户	结算组织	产品名称	含税单价	计价数量	税率
2018.5.14	上海销售分公司	销售公司	品牌电脑	8 000	20	17%

4. 实验指导

（1）应收单录入

销售会计张娜登录金蝶 K/3 Cloud 主界面，执行【财务会计】—【应收款管理】—【销售应收】—【应收单列表】命令，并单击【新增】按钮，或执行【财务会计】—【应收款管理】—【销售应收】—【应收单新增】命令，进入应收单新增页面。根据表 3.2 给出的实验数据，新增“上海清文电器有限公司”和“西门电子公司”两家公司的应收单，单击【保存】，进入应收单列表并【提交】【审核】相关单据。如图 3.3 所示。

（2）其他应收单录入

上海销售分公司会计倪丹登录金蝶 K/3 Cloud 主界面，执行【财务会计】—【应收款管理】—【其他应收】—【其他应收单列表】命令，并单击【新增】，或执行【财务会计】—【应收款管理】—【其他应收】—【其他应收单新增】命令，进入其他应收单新增页面，根据表 3.3

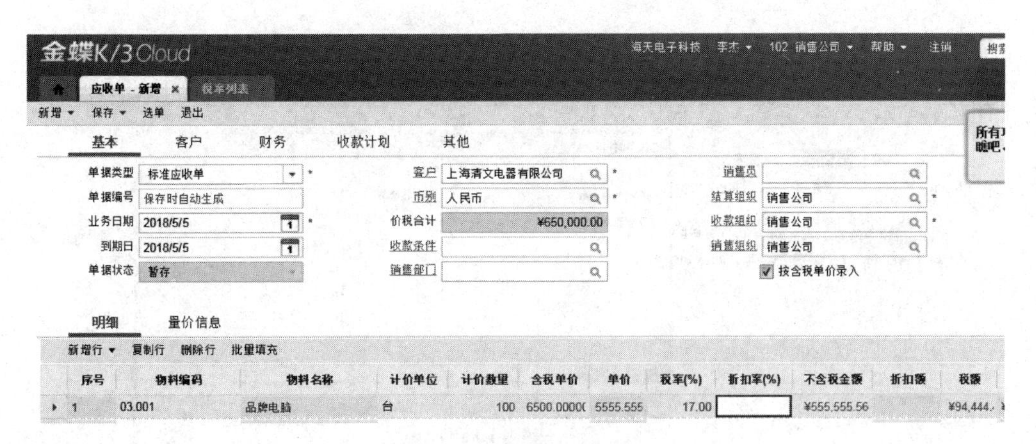

图 3.3　新增销售应收单页面

给出的实验数据，录入其他应收单，单击【保存】，进入其他应收单列表并【提交】【审核】相关单据。如图 3.4 所示。

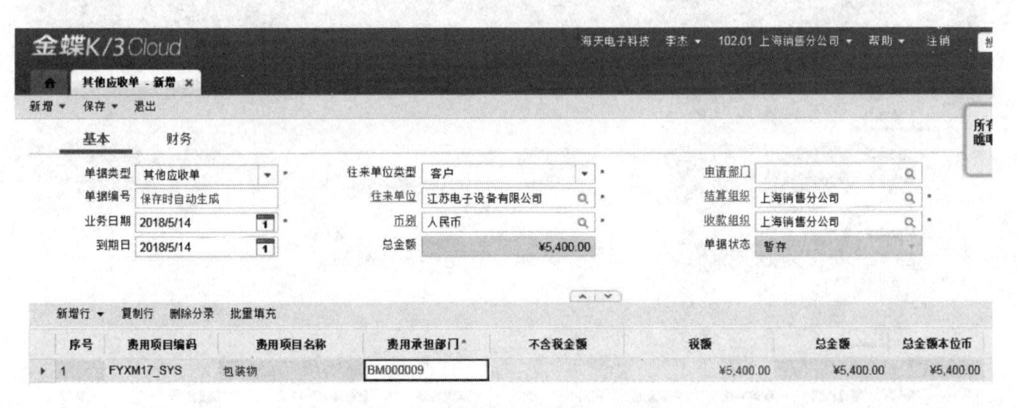

图 3.4　其他应收单录入页面

（3）其他应收单下推生成收款单

上海销售分公司出纳管彤登录金蝶 K/3 Cloud 主界面，执行【财务会计】—【应收款管理】—【其他应收】—【其他应收单列表】命令，并单击【下推】—【生成收款单】按钮，进入收款单新增页面，根据实验数据③提供的实验数据录入收款单，以现金方式结算，单击【下推】【保存】，并单击【提交】【审核】，完成其他收款单下推生成收款单工作。如图 3.5 和图 3.6 所示。

（4）新增收款单

上海销售分公司出纳管彤登录金蝶 K/3 Cloud 主界面，执行【财务会计】—【应收款管理】—【收款】—【收款单快速新增】命令，根据表 3.4 给出的实验数据，输入信息并单击【保存】，在单击【提交】【审核】案例，完成收款单新增工作。如图 3.7 所示。

（5）应收收款核销

销售公司会计张娜对应收单和收款单进行匹配核销，登录金蝶 K/3 Cloud 主界面，

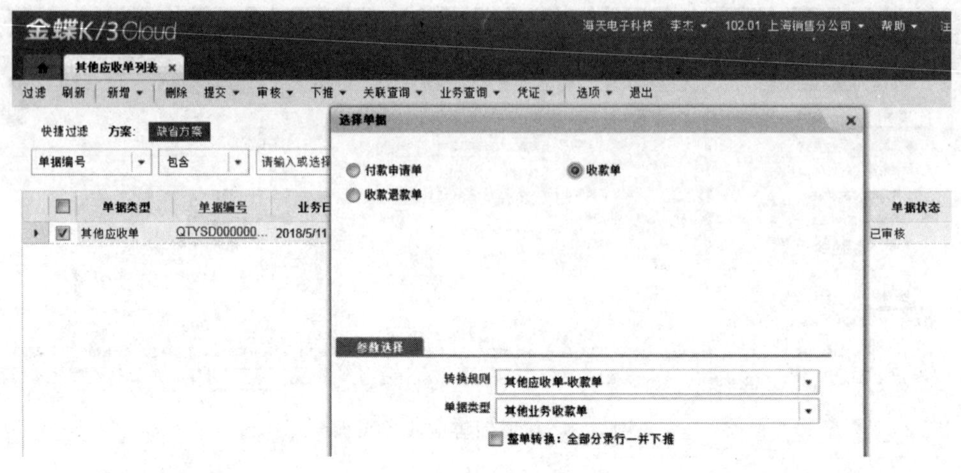

图 3.5 其他应收单列表页面

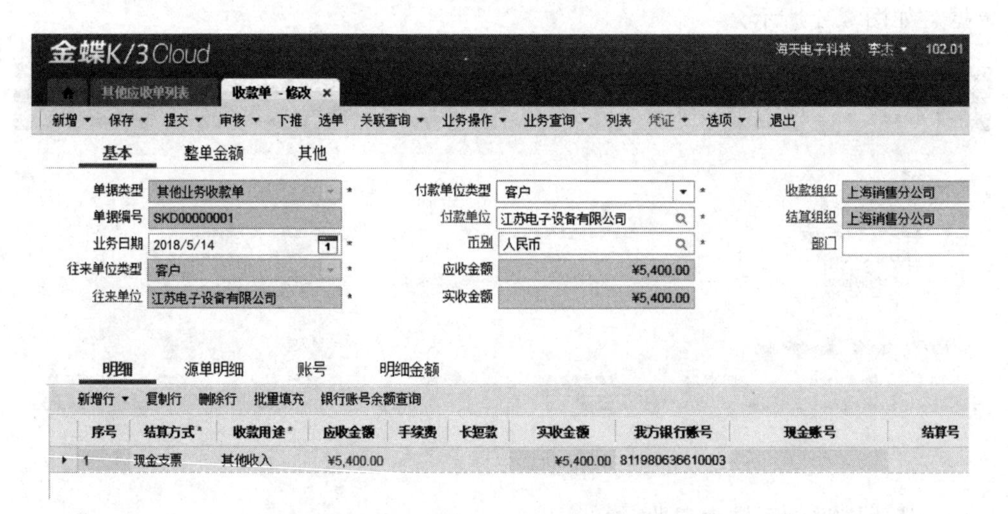

图 3.6 其他应收单下推生成收款单页面

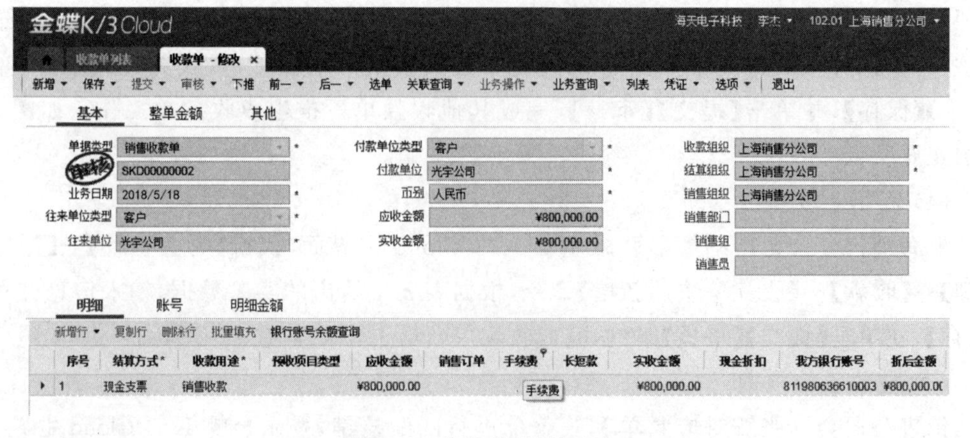

图 3.7 收款单新增页面

执行【财务会计】—【应收款管理】—【应收收款】—【应收收款核销】命令，点击【下一步】直至核销完毕。如图 3.8 和图 3.9 所示。

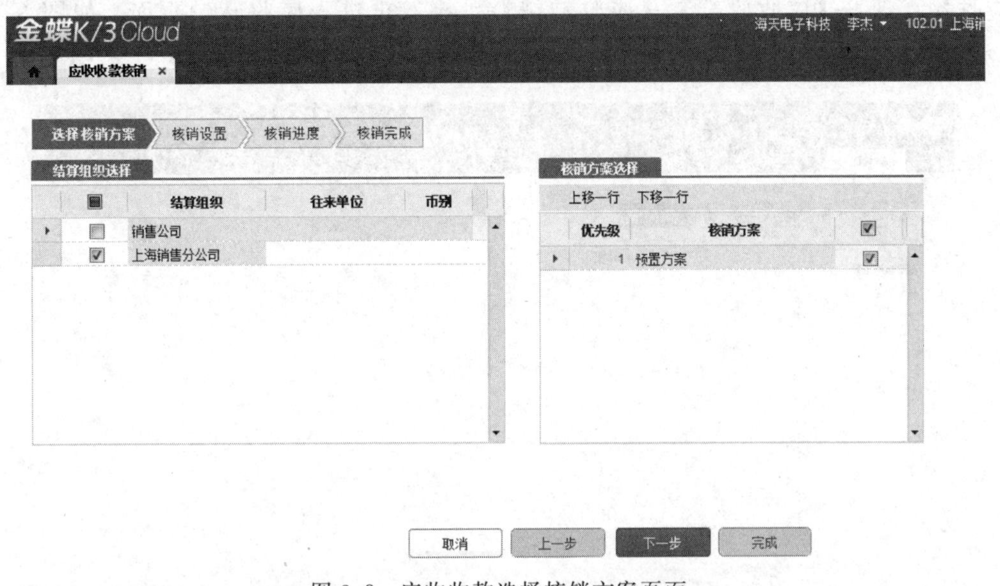

图 3.8 应收收款选择核销方案页面

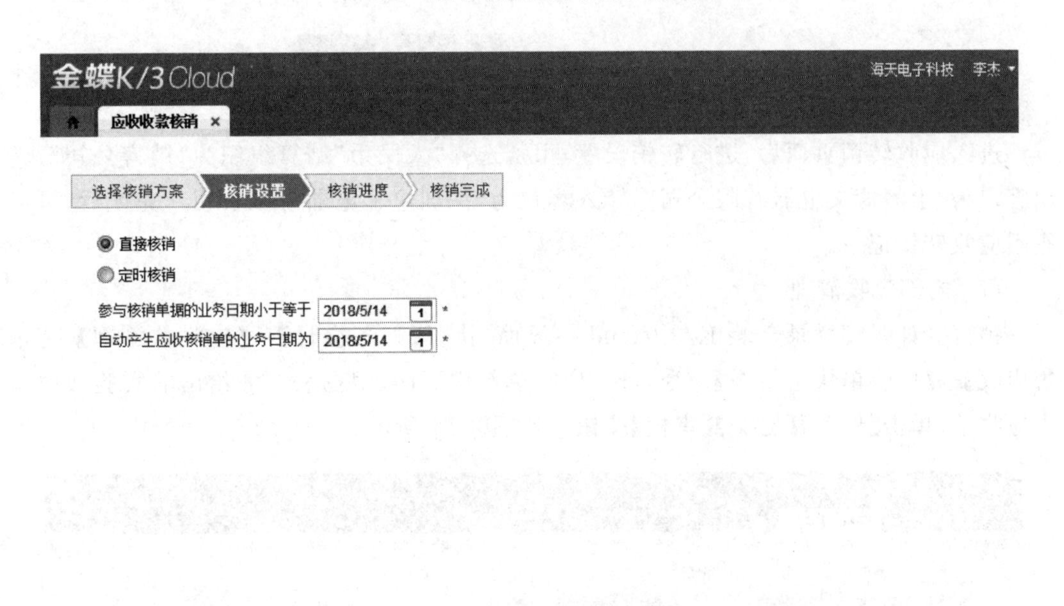

图 3.9 应收收款核销设置页面

(6) 应收转销

销售会计张娜登录金蝶 K/3 Cloud 主界面，执行【财务会计】—【应收款管理】—【销售应收】—【应收单列表】命令，打开【新增】按钮，进入应收单新增页面，根据表 3.5 给出的实验数据录入应收单，单击【保存】【提交】【审核】。

销售会计张娜登录金蝶 K/3 Cloud 主界面，进行应收转销命令。执行【财务会计】—【应收款管理】—【应收收款】—【应收转销】命令，双击进入应收转销页面。如图 3.10 所示。

图 3.10 应收转销页面

进入应收转销页面后，进行转销设置，币别选择“人民币”结算组织为“销售公司”，转出客户为“上海清文电器有限公司”，转入客户为“深圳惠慕电器有限公司”，完成后，可以查看应收转销记录。

(7) 内部应收清理

销售会计张娜登录金蝶 K/3 Cloud 主界面，执行【财务会计】—【应收款管理】—【销售应收】—【应收单快速新增】命令，进入应收单新增页面，根据表 3.6 给出的实验数据录入应收单，单击【保存】【提交】【审核】按钮。如图 3.11 所示。

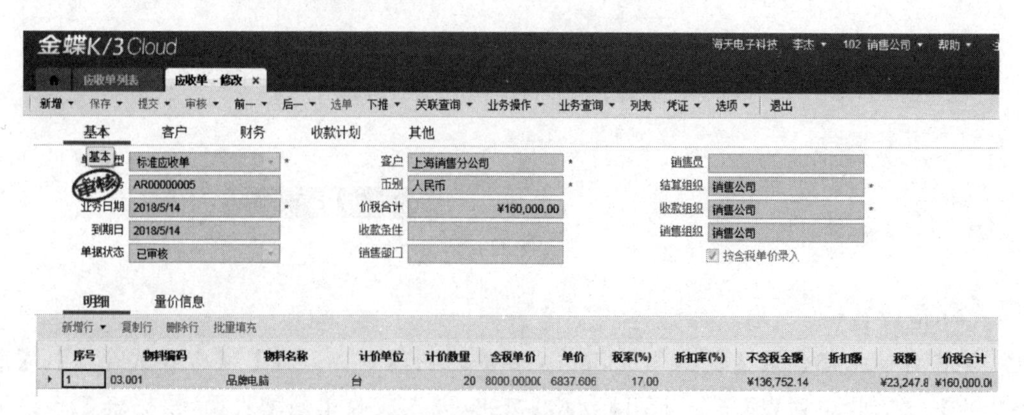

图 3.11 应收单—修改页面

销售会计张娜执行【财务会计】—【应收款管理】—【内部应收】—【内部应收清理】命令，进入无需收款清理页面，本次清理金额 160 000 元，单击【清理】按钮，完成内部应收清理工作。

实验 3　应收款管理对账和结账

1. 业务场景

应收款管理系统的数据处理都是针对本期的，要进行下一期间的业务处理，必须要将本期的账务全部进行结账处理，结账前要进行对账处理，系统才能进入下一期。本期所有的应收管理业务处理完毕后，必须进行结账，并将余额结转为下一会计期间的初始余额。

2. 操作人员

销售会计张娜来完成应收款管理系统的对账和结账工作。

3. 业务数据

将系统时间调整到 2018-05-31，选择“销售公司”。

4. 实验指导

销售会计张娜登录金蝶 K/3 Cloud 登录系统，选择组织“销售公司”，执行【财务会计】—【应收款管理】—【期末处理】—【应收款对账】命令，进入到应收款对账页面，选择“销售公司”，单击【对账】按钮，完成应收款系统的对账工作，对账完成后，系统会提示结账结果。

销售会计张娜登录金蝶 K/3 Cloud 登录系统，选择组织“销售公司”，执行【财务会计】—【应收款管理】—【期末处理】—【应收款结账】命令，进入应收款结账页面，选择“销售公司”，单击【结账】按钮，完成应收款系统的结账工作，结账完成后，系统会提示结账结果。其他组织发生的应收款业务的操作和对账、结账参考上述方法一样处理。如图 3.12 所示。

在公司实务中，经常需要调用各种报表，所以学会输出报表也很重要。如果需要查看每一个往来单位每一笔应收账款的金额，就执行【财务会计】—【应收款管理】—【报表分析】—【应收款汇总表】/【应收款明细表】命令。如果需要列出所有客户到期的应收账款金额及过期的天数，以方便催款，就执行【财务会计】—【应收款管理】—【报表分析】—【到期债权表】命令。如果需要查看既是客户又是供应商的往来单位的所有往来业务，就执行【财务会计】—【应收款管理】—【报表分析】—【往来对账明细表】命令。如果要查看

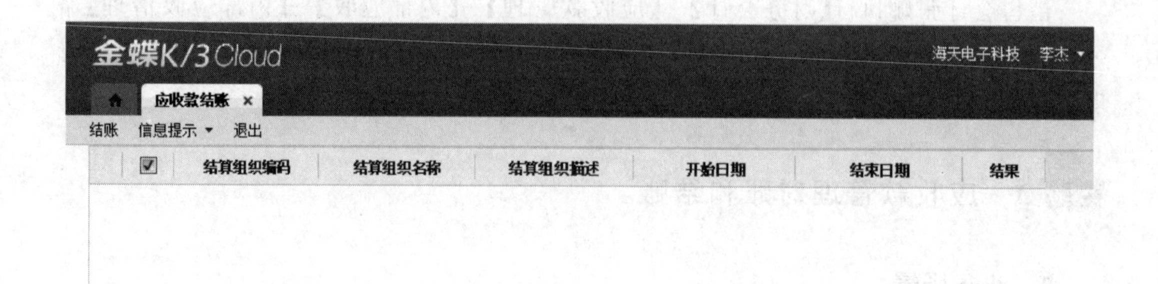

图 3.12 应收款结账页面

与应收业务有关的各种信息的报表，比如应收单的订单情况、出库情况、开票情况、收款情况等信息，就执行【财务会计】—【应收款管理】—【报表分析】—【应收单跟踪表】命令。

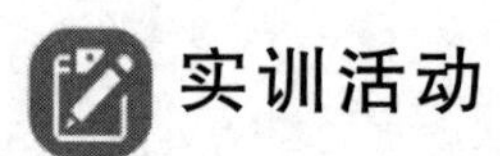

实训活动

活动要求

◆ 在安装有金蝶 K/3 Cloud 软件的实验室，恢复第二章的数据中心数据。

◆ 了解实验案例应收管理业务系统的参数设置和初始化等操作。

◆ 了解实验案例应收管理系统日常业务处理的流程和基本操作。

活动内容

◆ 进行实验模拟——应收往来业务处理。

◆ 实验 1 应收管理系统初始设置。

◆ 实验 2 日常往来业务处理。

◆ 实验 3 应收款管理对账和结账。

活动评价

通过实训，结合教学大纲要求的教学时数，统计第三章的学习进度、熟练程度以及学习质量来做出评价。

本章小结

本章要重点了解应收管理业务系统是企业对往来账款进行综合管理、加速资金周转、最大限度地减少坏账损失、提高企业经济效益、及时提供各种分析报表的重要业务系统。该系统与总账系统，出纳系统、供应链系统等其他系统结合使用，为企业提供完整的业务处理和财务管理信息。

思考题

1. 应收款业务系统其业务处理通常处于一个完整销售业务的终端,通常包括哪几个环节或者步骤?

2. 企业从销售产品给客户一直到收款,要经过哪几个环节的操作?

3. 什么是应收转销?如何操作?

4. 什么是内部应收清理?如何操作?

5. 如果要查看所有客户到期的应收账款金额及过期的天数,应该执行什么命令?

第四章

应付管理业务系统

学习目标

- 了解海天电子科技有限公司的应付管理业务系统。
- 掌握金蝶 K/3 Cloud 软件之应付管理系统初始设置、录入期初应付单据并结束初始化、日常往来业务处理、应付款管理结账的具体操作。

4.1 应付管理系统概述

随着市场经济的发展,企业大部分的采购业务都是赊购业务。因此对应付款的管理已经是企业财务管理中重要的课题之一。

企业除了采购产生的应付款项外,还会有其他原因产生的一些应付款项,例如员工报销费用、需要支付的一些行政费用等等。

应付款管理系统通过应付款确认、到期付款、应付付款核销、应付开票核销、期末处理、报表分析达到对应付款的精细化管理。其中应付款确认分为对采购应付的确认和对其他应付的确认。而到期付款即为出纳管理系统的付款功能,会在出纳管理系统详细介绍。

4.2　应付管理系统总体流程图

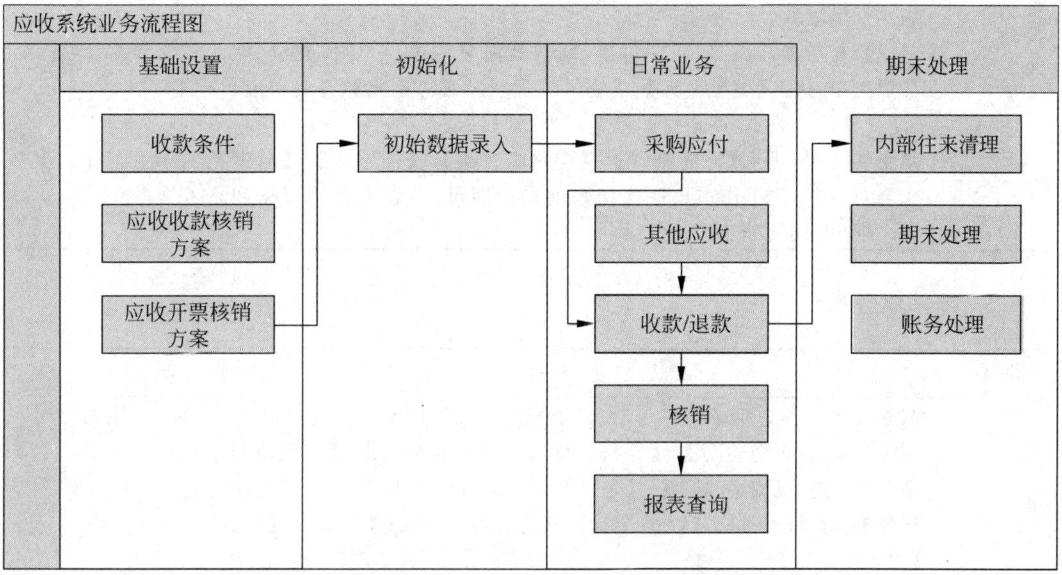

图 4.1　应付管理系统业务流程图

4.3　应付管理系统业务操作流程

1. 基础业务资料设置，部分数据如果用户由于已经使用供应链、总账等模块已经设置，则在使用应付款模块时不需要单独设置。

序号	业务操作	责任人
1	设置供应商、币别、结算方式、物料	往来会计
2	设置采购部门、采购组、采购员	往来会计
3	设置组织信息、账簿信息、汇率体系等	往来会计

2. 设置系统参数

序号	业务操作	责任人
1	进入【财务会计】—【应付款管理】—【参数设置】—【应付款管理参数】	主管会计

3. 维护基础方案资料

序号	业务操作	责任人
1	进入【财务会计】—【应付款管理】—【基础资料】—【付款条件】、【应付付款核销方案】、【应付开票核销方案】	主管会计

4. 系统初始化设置

序号	业务操作	责任人
1	设置系统启用日期。进入【财务会计】—【应付款管理】—【初始化】—【启用日期设置】	主管会计
2	录入期初单据,包括期初应付单、期初其他应付单、期初付款单、期初付款退款单,进入【财务会计】—【应付款管理】—【初始化】—【期初应付单】(期初其他应付单、期初付款单或者期初付款退款单)	主管会计
3	结束初始化,进入【财务会计】—【应付款管理】—【初始化】—【结束初始化】结束初始化工作在第一次结账前进行即可,即录入初始单据和录入第一期单据可以同时进行	主管会计

5. 日常业务操作

序号	业务操作	责任人
1	日常业务操作包括录入应付单、其他应付单、付款单、付款退款单等。应付单:进入【财务会计】—【应付款管理】—【销售应付】—【应付单新增】;应付单:进入【财务会计】—【应付款管理】—【其他应付】—【其他应付单新增】;付款单:进入【财务会计】—【应付款管理】—【付款】—【付款单】【付款退款单】	往来会计

4.4 实验模拟——应付往来业务处理

本章实验包括:

实验 1 应付管理系统初始设置

实验 2 录入期初应付单据并结束初始化

实验 3 日常往来业务处理

实验 4 应付款管理结账

实验 1 应付管理系统初始设置

1. 业务场景

掌握应付系统初始化设置方法。

2. 操作人员

由销售公司会计张娜登录,对公司的应付管理进行初始化业务操作。

3. 业务数据

设置启用日期为“2018-05-01”,并进行出纳管理启用日期设置、应付款管理初始化设置、应付款管理启用日期和应付管理需要支付初始现金 30 000 元。

4. 实验指导

(1) 出纳管理启用日期设置

由销售公司会计张娜登录金蝶 K/3 Cloud 主控台。执行【财务会计】—【出纳管理】—【初始化】—【启用日期设置】命令,勾选“销售公司”和“上海销售分公司”,并设置启用日期为“2018-05-01”,单击工具栏上【启用】按钮。如图 4.2 所示。

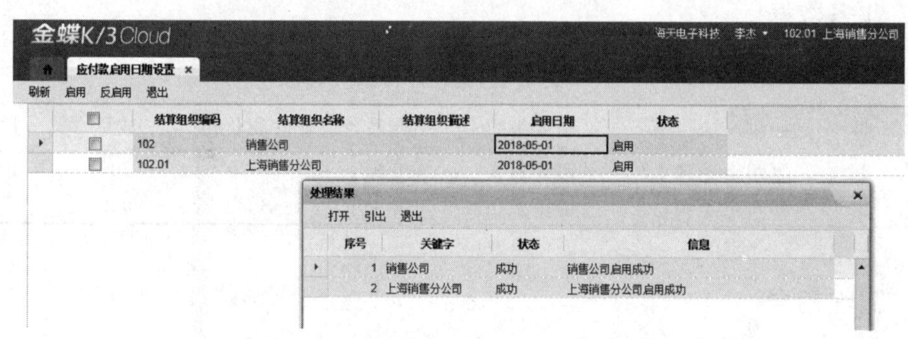

图 4.2 出纳管理应付款启用日期设置页面

(2) 应付款启用日期设置

由销售公司会计张娜登录金蝶 K/3 Cloud 主界面。执行【财务会计】—【应付款管理】—【初始化】—【启用日期设置】命令,勾选所有组织,并设置启用日期为“2018-05-01”,单击工具栏上【启用】按钮。如图 4.3 所示。

金蝶K/3 Cloud 海天电子科技

应付款启用日期设置

刷新 启用 反启用 退出

结算组织编码	结算组织名称	结算组织描述	启用日期	状态
101.01	海天科技公司本部		2018-05-01	启用
101.02	品牌电脑事业部		2018-05-01	启用
101.03	组装电脑事业部		2018-05-01	启用
102	销售公司		2018-05-01	启用
102.01	上海销售分公司		2018-05-01	启用

图 4.3 应付款启用日期设置页面

(3) 现金期初余额录入

由销售公司会计张娜登录金蝶 K/3 Cloud 主控台。执行【财务会计】—【出纳管理】—【初始化】—【现金期初】命令,根据业务数据给出的资料录入现金期初余额 30 000 元的单据,单击【保存】【提交】【审核】。

实验 2 录入期初应付单据并结束初始化

1. 业务场景

掌握应付系统期初业务单据的录入并结束初始化。

2. 操作人员

由海天科技公司会计李杰登录 K/3 Cloud 主界面，进行期初业务单据的录入并结束初始化。

3. 业务数据

表 4.1 期初应付单

业务日期	供 应 商	结算组织	产品	含税价格	数量	税率
2017.4.12	惠州电子加工厂	销售公司	电源	500	200	17%
2017.4.23	苏州电子制造厂	销售公司	显卡	3 900	900	17%

4. 实验指导

（1）录入期初应付单

由海天科技公司会计李杰登录金蝶 K/3 Cloud 主界面。执行【财务会计】—【应付款管理】—【初始化】—【期初应付单】命令，单击【新增】按钮，录入期初应付单信息并【提交】【审核】。如图 4.4 所示。

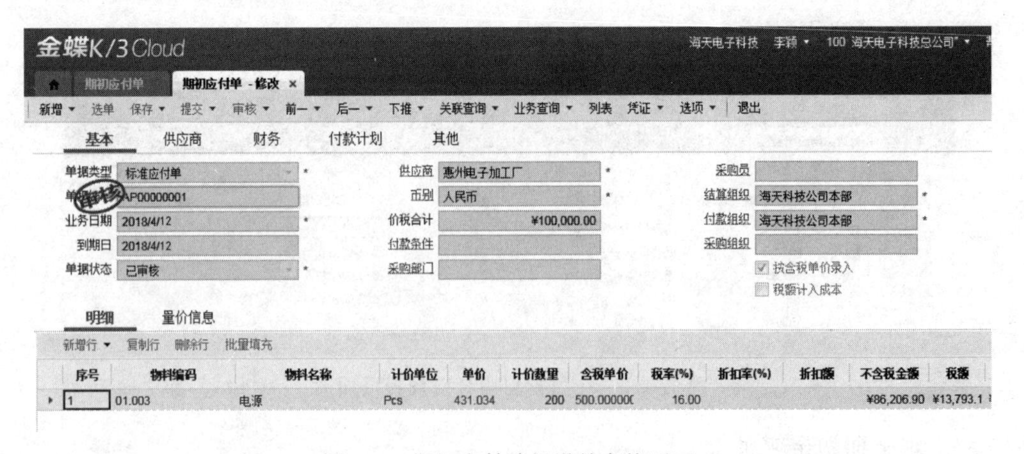

图 4.4 期初应付单新增并审核页面

（2）结束初始化

由海天科技公司会计李杰登录金蝶 K/3 Cloud 系统，执行【财务会计】—【应付款管理】—【初始化】—【应付款结束初始化】命令，选择所有组织结束初始化，单击工具栏上方的【结束初始化】按钮。如图 4.5 所示。

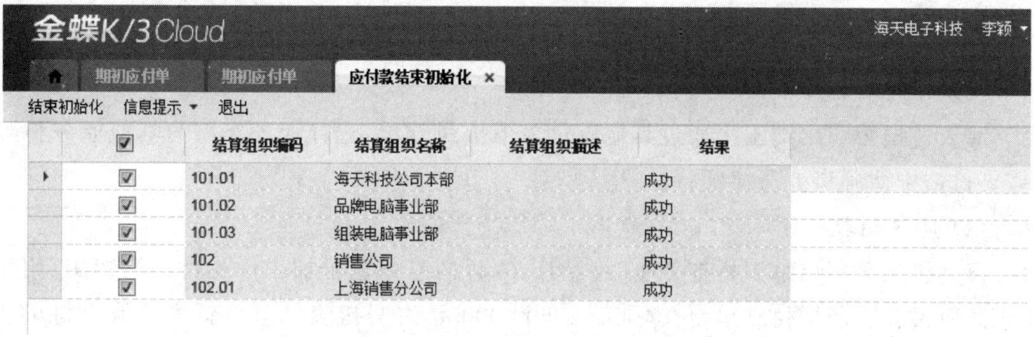

图 4.5 应付款结束初始化页面

实验 3 日常往来业务处理

1. 业务场景

假定公司以应付单来确认公司采购产品的应付账款。

2. 操作人员

由海天科技公司会计李杰负责应付系统的业务操作，海天科技公司财务主管晓宇负责付款单的业务操作。

3. 业务数据

(1) 应付单

海天科技公司向供应商惠州电子加工厂采购一批 CPU，向汕头电子零部件有限公司采购一批主板。

表 4.2 应 付 单

业务日期	供 应 商	物料代码	物料名称	数量	含税单价	税率
2018.5.17	惠州电子加工厂	01.001	CPU	500	3 000	17%
2018.5.28	汕头电子零部件有限公司	01.006	主板	150	2 300	17%

(2) 其他应付单

公司常年聘请法律顾问，本月发生应付裕华律师事务所律师费 12 000 元，形成一笔其他应付单。

表 4.3 其他应付单

业务日期	往来单位	结算组织	费用项目	费用承担部门	总金额
2018.5.18	裕华律师事务所	海天科技公司	律师费	海天科技公司	12 000

(3) 付款单支付

海天科技公司出纳王岳通过其他应付单下推付款单，选择业务类型为其他业务付款单，支付裕华律师事务所律师费。

(4) 应付付款核销

海天科技公司出纳王岳在 2018 年 5 月 24 日向惠州电子加工厂支付一笔费用，用于抵销其应付款。新增付款单，付款金额 1 600 000 元为期初应付单与新增其他应付单相关款项之和。

表 4.4 付 款 单

业务日期	往来/收款单位	结算组织	结算方式	应付金额	币 别
2018.5.18	惠州电子加工厂	海天科技公司	现金	1 600 000	人民币

(5) 应付转销

海天科技公司会计李杰对对应付单和付款单进行转销。海天科技公司在 2018 年 5 月 18 日向供应商西门子电子公司采购一批内存条，总金额 80 000 元，产生一笔应付单，应业务关系，这笔款项经过协商最后由苏州电子制造厂承担，使用应付转销完成转移。

表 4.5 应 付 单

业务日期	供应商	采购组织	物料名称	含税单价	计价数量	税 率
2018.5.18	西门子电子公司	海天科技公司	内存条	400	200	17%

(6) 内部应付清理

销售公司办公室电脑需要对电脑加内存容量，需要 15 根 8G 内存条，上海销售分公司以每根 300 元的内部价出售给销售公司，形成一笔应付单，后发现销售公司办公室电脑主板无法再加内存条，经协商决定清理该内部应付事项。

表 4.6 应 付 单

业务日期	供应商	采购组织	物料名称	含税单价	计价数量
2018.5.31	上海销售分公司	销售公司	内存	300	15

4. 实验指导

(1) 应付单录入

海天科技公司会计李杰登录金蝶 K/3 Cloud 主界面，执行【财务会计】—【应付款管理】—【采购应付】—【应付单列表】命令，单击【新增】按钮，进入应付单新增页面，根据表 4.2 所给实验数据，如图 4.6 所示，单击【保存】，新增后进入应付单列表，并【提交】【审核】单据，如图 4.7 所示。

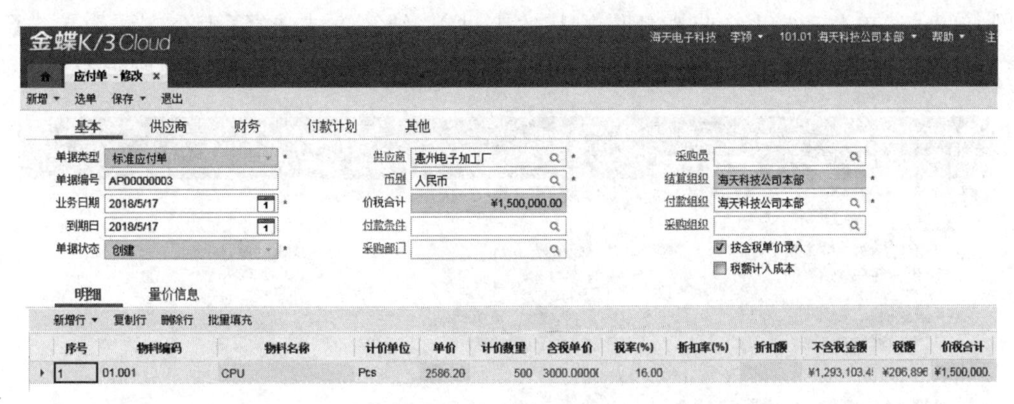

图 4.6　应付单新增页面

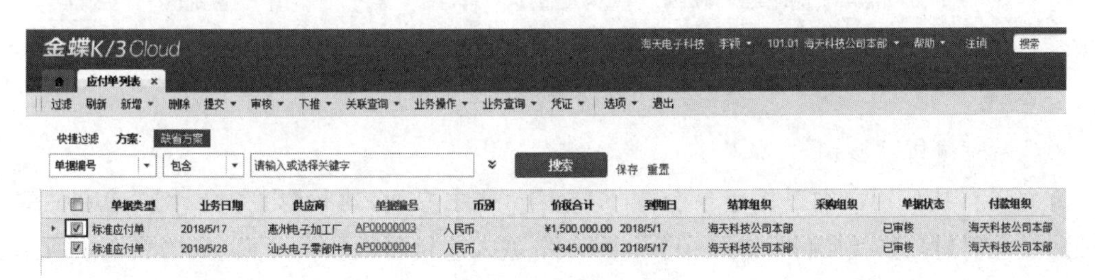

图 4.7　应付单列表页面

(2) 其他应付单录入

海天科技公司会计李杰登录金蝶 K/3 Cloud 主界面，执行【财务会计】—【应付款管理】—【其他应付】—【其他应付单列表】命令，单击【新增】按钮，进入其他应付单新增页面，输入表 4.3 信息，单击【保存】，新增后应付单列表并【提交】【审核】单据，如图 4.8 所示。

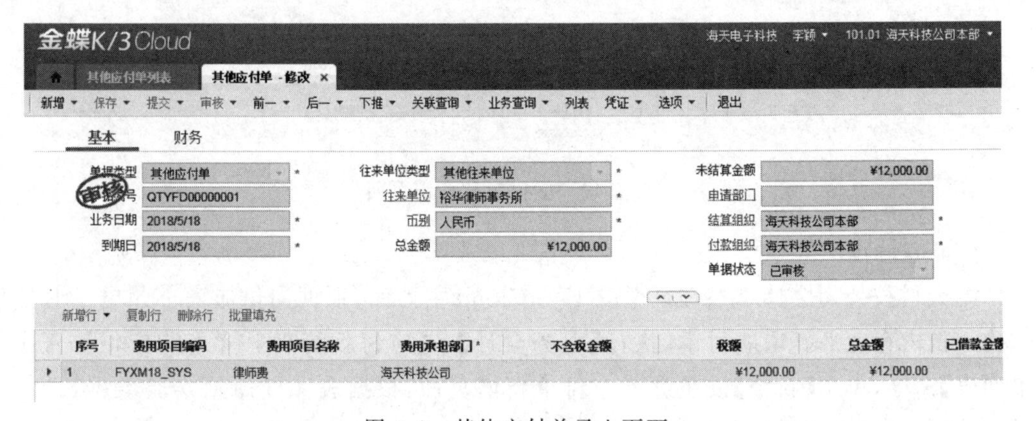

图 4.8　其他应付单录入页面

(3) 付款单支付

海天科技公司出纳王岳登录金蝶 K/3 Cloud 主界面，执行【财务会计】—【应付款管理】—【付款】—【付款单列表】命令，进入付款单列表页面，单据类型选择【其他业务付款单】，单击【选单】，选择上个步骤新增的其他应付单，结算方式选择【现金支票】，单击【下推】—【生成付款单】按钮，完成后单击【保存】【提交】【审核】单据，如图 4.9 所示。

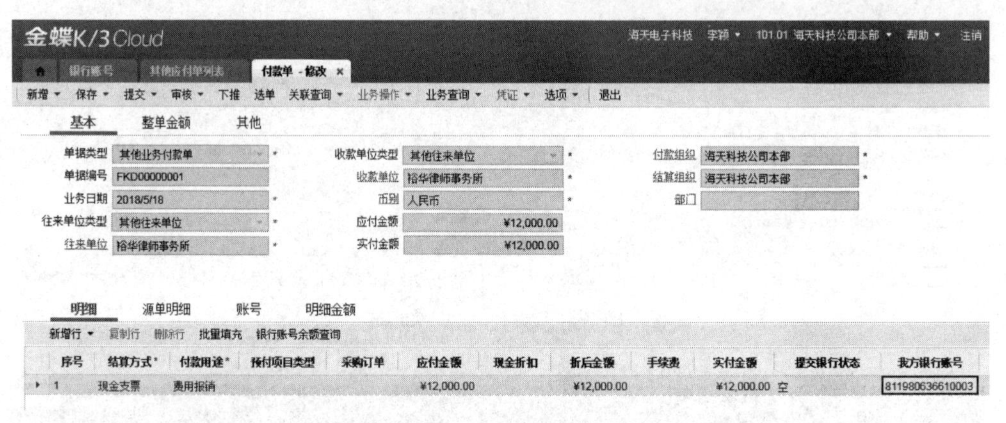

图 4.9　付款单新增页面

(4) 应付付款核销

海天科技公司出纳王岳登录金蝶 K/3 Cloud 主界面，执行【财务会计】—【应付款管理】—【应付付款】—【应付付款核销】命令，双击进入应付付款核销页面，根据表 4.4 所给实验数据，点击【下一步】直到该笔业务核销完成，并【保存】【提交】【审核】，如图 4.10 所示。

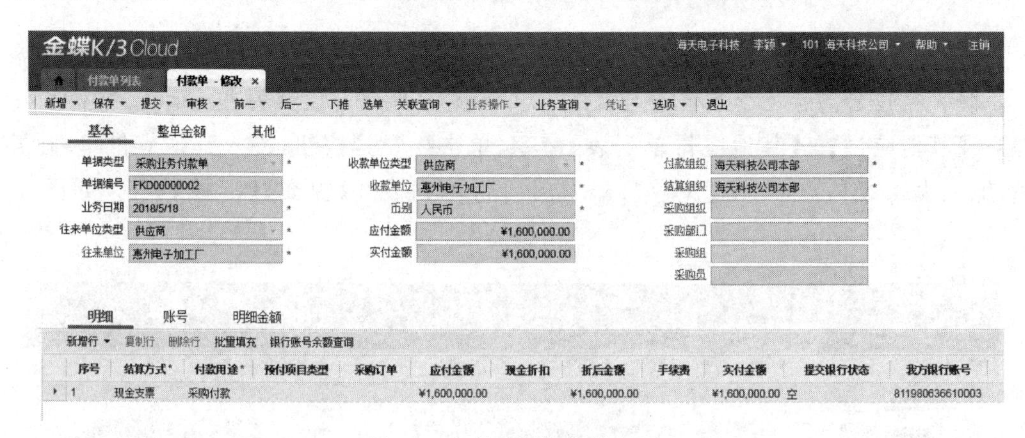

图 4.10　应付付款核销页面

(5) 应付转销

海天科技公司会计李杰登录金蝶 K/3 Cloud 主界面，根据向供应商苏州电子制造厂采购一批内存业务新增应付单，执行【财务会计】—【应付款管理】—【采购应付】—【应付单列表】命令，单击【新增】按钮进入应付单新增页面，根据表 4.5 所给实验数据，录入应付单并【保存】【提交】【审核】，如图 4.11 所示。

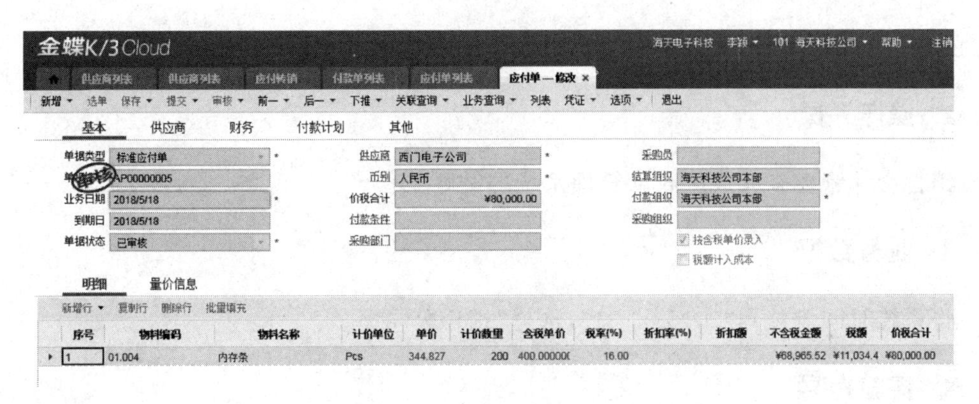

图 4.11　应付单—修改页面

海天科技公司会计李杰登录金蝶 K/3 Cloud 主界面，进行应付转销，执行【财务会计】—【应付款管理】—【应付收款】—【应付转销】命令，双击进入应付转销页面进行转销设置，币别选择人民币，结算组织为海天科技公司，转出供应商西门电子公司，转入供应商为苏州电子制造厂，单击【下一步】按钮，如图 4.12 所示，可以查看应付转销记录。

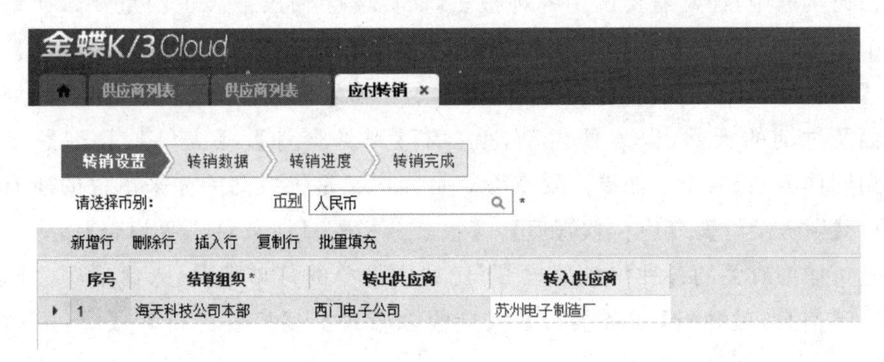

图 4.12　应付转销页面

(6) 内部应付清理

销售公司会计张娜登录金蝶 K/3 Cloud 主界面，执行【财务会计】—【应付款管理】—【采购应付】—【应付单列表】命令，单击【新增】按钮进入应付单新增页面，根据表 4.6 所给实验数据录入应付单并【保存】【提交】【审核】。

销售公司会计张娜进入内部应付清理，将销售公司和上海销售分公司的内部应付清理掉，单击【无需付款清理】查询内部应付清理记录。

实验 4　应付款管理结账

1. 业务场景

应付款管理系统的数据处理都是针对本期的，要进行下一期间的处理，必须将本期的账务全部进行结账处理，系统才能进入下一期。本期所有的应付管理业务处理完毕后，必须进行结账工作，并将余额结转为下一会计期间的初始余额。

2. 操作人员

销售会计张娜来完成应收款管理系统的结账工作。

3. 业务数据

将系统时间调整到“2018-05-31”，选择“销售公司”。

4. 实验指导

销售公司会计张娜登录金蝶 K/3 Cloud 主界面，选择组织“销售公司”，执行【财务会计】—【应付款管理】—【期末处理】—【应付款结账】命令，进入应付款结账页面，选择“销售公司”，单击【结账】按钮，结束应付款系统结账工作，结账完成后，系统会提示结账结果。其他组织发生的应付款业务的操作和结账参考上述方法一样处理。

在公司实务中，经常需要调用各种报表，所以学会输出报表也很重要。如果需要查看每一个往来单位每一笔应付账款的金额，就执行【财务会计】—【应付款管理】—【报表分析】—【应付款汇总表】/【应付款明细表】命令。如果需要列出所有供应商到期的应付账款金额及过期的天数，以方便付款，就执行【财务会计】—【应付款管理】—【报表分析】—【到期债务表】命令。如果需要查看既是客户又是供应商的往来单位的所有往来业务，就执行【财务会计】—【应付款管理】—【报表分析】—【往来对账明细表】命令。如果要查看与应付业务有关的各种信息的报表，比如应付单的订单情况、入库情况、开票情况、付款情况等信息，就执行【财务会计】—【应收款管理】—【报表分析】—【应付单跟踪表】命令。

实训活动

活动要求

- 在安装有金蝶 K/3 Cloud 软件的实验室，恢复第三章的数据中心数据。
- 了解实验案例应付管理业务系统的参数设置和初始化等操作。
- 了解实验案例应付管理业务系统日常业务处理的流程和基本操作。

活动内容

- 进行实验模拟——应付往来业务处理。
- 实验 1　应付管理系统初始设置。
- 实验 2　录入期初应付单据并结束初始化。
- 实验 3　日常往来业务处理。
- 实验 4　应付款管理结账。

活动评价

通过实训，结合教学大纲要求的教学时数，统计第四章的学习进度、熟练程度以及学习质量来做出评价。

本章小结

本章要重点了解应付管理业务系统是企业对往来账款进行综合管理、保证与供应商良好的供货关系，确保企业的赊购地位，充分享受折扣优惠，及时提供各种分析报表的重要业务系统。该系统与总账系统、出纳系统、供应链系统等其他系统结合使用，为企业提供完整的业务处理和财务管理信息。

思考题

1. 应付系统业务处理通常处在整个采购业务的终端，若应付系统非独立使用，同时启用了供应链系统，那么在处理发票等业务时，它们之间存在什么样的关系？

2. 应付系统初始化包括哪些必须步骤？

3. 应付系统的日常业务处理，从采购开始到支付货款，操作上要经历哪几个环节？

4. 什么是应付转销？如何操作？

5. 什么是内部应付清理？如何操作？

6. 当企业的往来单位既是客户又是供应商时，若要查看与往来单位所有的往来业务，应该执行什么命令？

第五章 出纳管理业务系统

学习目标

- 了解海天电子科技有限公司的出纳管理业务系统。
- 掌握金蝶 K/3 Cloud 软件之设置出纳系统基础、出纳管理初始化、日常银行业务处理、应收票据收款、统收统支模式下的应付票据付款处理、现金盘点、出纳管理系统结账的具体操作。

5.1 出纳管理系统概述

出纳管理系统为企业出纳提供管理工具，管理企业资金、票据的收支业务，通过业务流程、权限、盘点作业、账表等保证企业资金收支业务的准确执行，确保资金安全。

5.2 出纳管理系统总体流程图

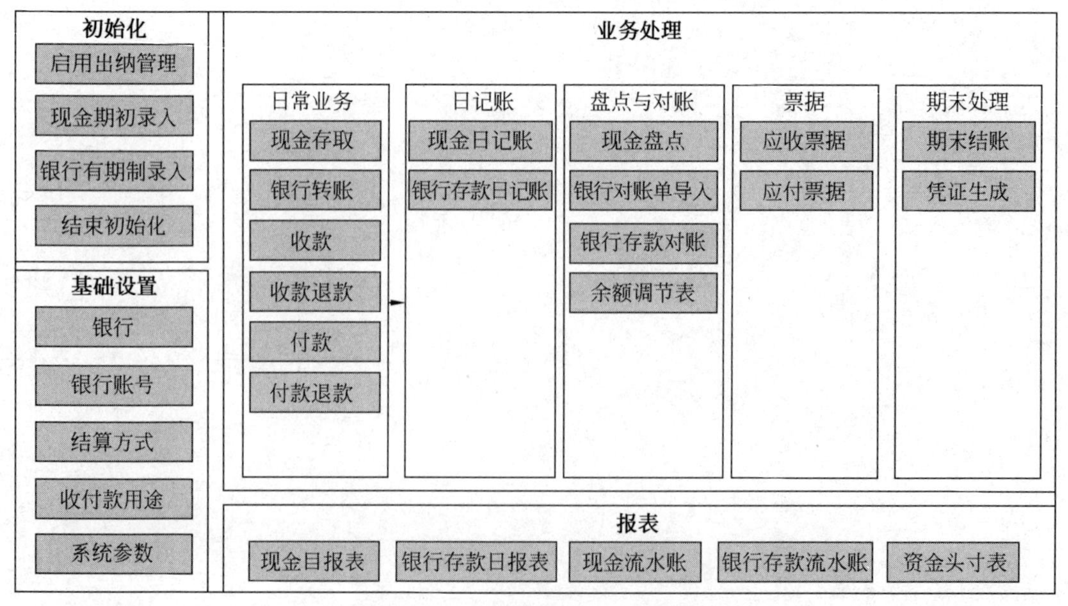

图 5.1 出纳管理系统总体流程图

5.3 出纳管理系统业务操作流程

1. 公共基础数据的设置

该部分数据如果用户由于已经使用供应链、总账等系统时已经设置，则在使用出纳管理系统时不需要再单独设置。

序号	业务操作	责任人
1	设置组织信息、客户、供应商、部门、职员	主管会计
2	设置币别、汇率体系、结算方式、银行、银行账号、现金账号等	主管会计

2. 设置出纳管理系统参数

序号	业务操作	责任人
1	进入【财务会计】—【出纳管理】—【参数设置】—【出纳管理参数】，进入【财务会计】—【出纳管理】—【基础资料】—【收付款用途】	主管会计

3. 系统初始化设置

序号	业务操作	责任人
1	进入【财务会计】—【出纳管理】—【初始化】—【启用日期设置】，设置出纳管理系统的启用日期	出纳
2	进入【财务会计】—【出纳管理】—【初始化】—【现金期初】，录入库存现金的期初余额	出纳
3	进入【财务会计】—【出纳管理】—【初始化】—【银行存款期初】，录入银行存款的期初余额（这里需要特别注意，还需要同时录入期初企业未达账和期初银行未达账，保证期初银行存款对账平衡，这些期初未达数据，将参与后续银行存款对账的勾对处理）	出纳
4	进入【财务会计】—【出纳管理】—【初始化】—【出纳管理结束初始化】，系统结束初始化，正式进入日常业务处理阶段	出纳

4. 日常存取现以及收付款业务处理

序号	业务操作	责任人
1	进入【财务会计】—【出纳管理】—【日常处理】—【现金存取单】，处理日常存现、取现业务	出纳
2	进入【财务会计】—【出纳管理】—【日常处理】—【银行转账单】，处理日常企业内部转账业务，购汇业务也在此处理	出纳
3	进入【财务会计】—【出纳管理】—【日常处理】—【收款单】，处理所有对外收款业务	出纳
4	进入【财务会计】—【出纳管理】—【日常处理】—【收款退款单】，处理收款退款业务	出纳

续表

序号	业务操作	责任人
5	进入【财务会计】—【出纳管理】—【日常处理】—【付款单】,处理所有对外付款业务	出纳
6	进入【财务会计】—【出纳管理】—【日常处理】—【付款退款单】,处理付款退款业务	出纳
7	进入【财务会计】—【出纳管理】—【日常处理】—【应收票据】,维护接收的应收票据,以及进行应收票据的后续结算业务处理	出纳
8	进入【财务会计】—【出纳管理】—【日常处理】—【应付票据】,维护签发的应付票据,以及进行应付票据的后续结算业务处理	出纳
9	进入【财务会计】—【出纳管理】—【日常处理】—【付款申请单】,处理所有付款申请业务	出纳
10	进入【财务会计】—【出纳管理】—【日常处理】—【资金调拨单】,处理所有资金调拨业务	出纳

5. 现金盘点以及银行存款对账

序号	业务操作	责任人
1	进入【财务会计】—【出纳管理】—【现金盘点】—【现金盘点表】,进行库存现金的盘点	出纳
2	进入【财务会计】—【出纳管理】—【银行对账】—【银行对账单】,通过手工新增或者文件导入的方式维护银行对账单	出纳
3	进入【财务会计】—【出纳管理】—【银行对账】—【多账号批量对账】—【银行存款对账】,通过系统自动或者手工的方式进行银行存款的对账处理	出纳

6. 出纳管理结账

序号	业务操作	责任人
1	进入【财务会计】—【出纳管理】—【期末处理】—【出纳管理结账】,支持任意日期进行结账处理	出纳

5.4 实验模拟——出纳业务处理

本章实验包括:

实验 1 设置出纳系统基础

实验 2 出纳管理初始化

实验 3 日常银行业务处理

实验 4 应收票据收款

实验 5 统收统支模式下的应付票据付款处理

实验 6　现金盘点

实验 7　出纳管理系统结账

实验 1　设置出纳系统基础

1. 业务场景

在进入日常业务处理前，需要对出纳管理系统进行初始化，主要包括：设置期初现金和期初银行存款。海天科技公司对品牌电脑事业部和组装电脑事业部实行统收统支的管理办法，并对销售公司进行资金管理，实现收支两条线。所以，需要在进行出纳管理系统初始化时，同时设置内部账户以及设置内部账户的期初余额。

2. 操作人员

由系统管理员 administrator 进行基础资料控制策略的设置，由信息管理员李颖进行基础资料的设置并完成出纳管理系统的初始化。

3. 业务数据

(1) 基础资料

① 银行信息，如表 5.1 所示。

表 5.1　银行信息

编　码	名　称
001	招商银行深圳高新区支行

② 银行账户信息，如表 5.2 所示。

表 5.2　银行账户

银行账号	开户银行	账户名称	账户收支属性	使用分配
56666601	招商银行深圳高新区支行	海天科技公司美元户	收支	
56666602	招商银行深圳高新区支行	海天科技公司港币户	收支	
56666603	招商银行深圳高新区支行	海天科技公司人民币账户	收支	
56666604	招商银行深圳高新区支行	品牌电脑事业部人民币账户	收支	品牌电脑事业部
56666605	招商银行深圳高新区支行	组装电脑事业部人民币账户	收支	组装电脑事业部
56666606	招商银行深圳高新区支行	销售公司人民币账户	收支	销售公司
56666607	招商银行深圳高新区支行	上海销售分公司人民币账户	收支	上海销售分公司

注：创建组织均为海天科技公司

③ 内部账户，如表 5.3 所示。

表 5.3 内部账户

组织开设	内部账号	账户名称	对应组织	使用分配
在收付组织开设	0101	品牌电脑事业部账户	品牌电脑事业部	品牌电脑事业部
在收付组织开设	0102	组装电脑事业部账户	组装电脑事业部	组装电脑事业部
在收付组织开设	0103	销售公司账户	销售公司	销售公司
在收付组织开设	0104	上海销售分公司	上海销售分公司	上海销售分公司

注：创建组织均为海天科技公司

④ 销售公司收支两条线的银行账户设置，如表 5.4 所示。

表 5.4 收支两条线银行账户

银行账号	开户银行	账号名称	账户收支属性	内部账户	资金上划	上划方式	使用分配
56666608	招商银行深圳高新区支行	销售公司收款账户	收入	销售公司内部账户	√	全额上划	销售公司
56666609	招商银行深圳高新区支行	销售公司收款账户	支出	销售公司内部账户			销售公司
56666610	招商银行深圳高新区支行	上海销售分公司收款账户	收入	上海销售分公司内部账户	√	全额上划	上海销售分公司
56666611	招商银行深圳高新区支行	上海销售分公司收款账户	支出	上海销售分公司内部账户			上海销售分公司

注：创建组织均为海天科技公司

(2) 期初余额

① 现金期初余额，如表 5.5 所示。

表 5.5 现金期初余额

收款组织	币别	期初余额
海天科技公司	人民币	30 000
品牌电脑事业部	人民币	30 000
组装电脑事业部	人民币	30 000
销售公司	人民币	120 000
上海销售分公司	人民币	30 000

② 银行存款期初余额，如表 5.6 所示。

表 5.6 银行存款期初余额

收款组织	币别	银行账号	企业方/银行方期初余额
海天科技公司	美元	56666601	80 000
海天科技公司	港元	56666602	50 000
海天科技公司	人民币	56666603	1 200 000
海天科技公司	人民币	56666604	60 000

续表

收款组织	币别	银行账号	企业方/银行方期初余额
海天科技公司	人民币	56666605	50 000
销售公司	人民币	56666606	750 000
上海销售分公司	人民币	56666607	50 000

③ 内部账户期初余额,如表5.7所示。

表 5.7 内部账户期初余额

收款组织	结算组织	币别	内部账号	企业方期初余额
海天科技公司	品牌电脑事业部	人民币	001	80 000
海天科技公司	组装电脑事业部	人民币	002	80 000
销售公司	上海销售分公司	人民币	003	60 000

④ 资金内部账户期初余额,如表5.8所示。

表 5.8 资金内部账户期初余额

资金组织	收付组织	币别	内部账号	期初余额
海天科技公司	销售公司	人民币	004	80 000

4. 实验指导

(1) 基础资料控制策略设置

通过管理员 administrator 账户设置基础资料控制策略,银行账号和内部账号组织间分配共享。以管理员 administrator 身份登录金蝶 K/3 Cloud 主界面,执行【系统管理】—【组织机构】—【基础资料控制】—【基础资料控制策略】命令,进入基础资料控制策略页面。单击【新增】按钮,进入基础资料控制策略新增页面,选择基础资料为银行账号,创建组织选择海天科技公司,分配组织选择品牌电脑事业部、组装电脑事业部、销售公司和上海销售分公司,其他使用系统默认设置,完成设置后单击【保存】;单击【新增】按钮,选择基础资料为内部账户,创建组织选择海天科技公司,分配组织选择品牌电脑事业部、组装电脑事业部和销售公司,完成后单击【保存】,如图5.2至图5.5所示。

(2) 参数设置

由信息管理员李颖登录金蝶 K/3 Cloud 主界面,执行【财务会计】—【出纳管理】—【参数设置】—【出纳管理参数】命令,进入出纳管理参数页面。假定本实验采用系统默认参数,在出纳管理参数设置中,可以根据实际情况,对各个组织的参数分别进行设置,设置完成后,单击【保存】按钮。

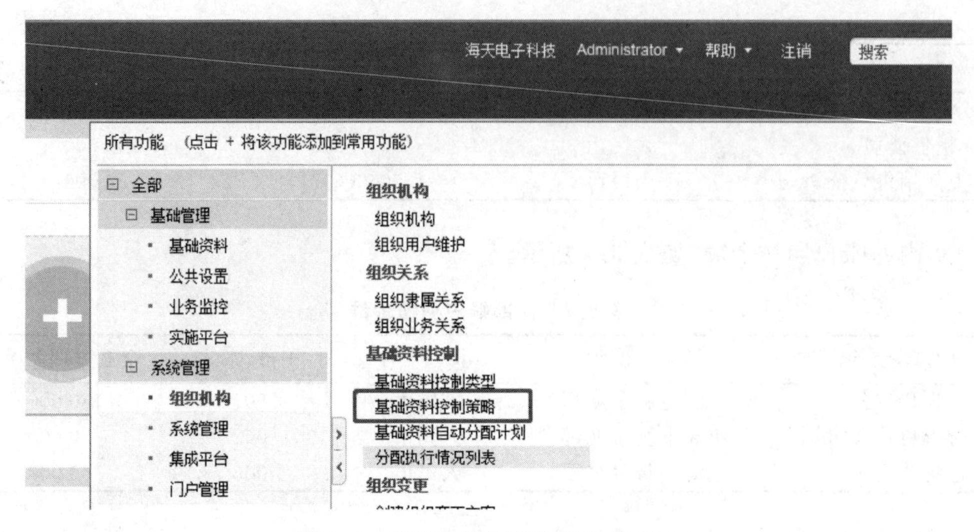

图 5.2　基础资料控制策略设置页面

金蝶K/3 Cloud

基础资料控制策略　基础资料控

新增　保存　列表　选项　退出

基础资料　现金账号

分配关联检查

新增行　删除行　插入行

分配目标组织

组织机构列表

返回数据　过滤　刷新　新增　退出

快捷过滤　方案：缺省方案

编码　包含　请输入或选择关键字　搜索　保存　重置

编码	名称	形态	核算组织	核算组织类型	所属法人	业务组织	数据状态
过滤条件	过滤条件	过滤条件	过滤条件	过滤条件	过滤条件	过滤条件	过滤条件
101	海天科技公司	总公司	是	法人组织	海天科技公司	否	已审核
101.01	海天科技公司本部	公司	是	利润中心	海天科技公司	是	已审核
101.02	品牌电脑事业部	事业部	是	利润中心	海天科技公司	是	已审核
101.03	组装电脑事业部	事业部	是	利润中心	海天科技公司	是	已审核
102	销售公司	公司	是	法人组织	销售公司	是	已审核
102.01	上海销售分公司	分公司	是	利润中心	销售公司	是	已审核

图 5.3　基础资料控制策略之创建组织列表页面

金蝶K/3 Cloud　海天电子科技　Administra

基础资料控制策略　基础资料控制策略 - 修改

新增　保存　列表　选项　退出

基础资料　现金账号 *　创建组织　海天电子科技总公司 *

分配关联检查

新增行　删除行　插入行　应用更多组织

分配目标组织	同步禁用
海天科技公司	
海天科技公司本部	
品牌电脑事业部	
组装电脑事业部	
销售公司	
102.01	

属性分组	属性名称	控制方式*	不可修改	
过滤条件	过滤条件	过滤条件		过滤条件
单据头	备注	携带	✓	
单据头	创建人	携带	✓	
单据头	创建日期	携带	✓	
单据头	创建组织	携带	✓	
单据头	禁用人	留空		
单据头	禁用日期	留空		
单据头	禁用状态	默认		A

图 5.4　基础资料控制策略—修改页面

图 5.5　基础资料控制策略设置完毕页面

(3）基础资料

① 设置银行

切换组织到海天科技公司，执行【财务会计】—【出纳管理】—【基础资料】—【银行】命令，进入银行页面，单击【新增】按钮，进入银行新增页面，根据表 5.1 所给实验数据输入编码和名称，录入完毕，单击【保存】按钮，并【提交】【审核】。

② 设置银行账户

切换组织到海天科技公司，执行【财务会计】—【出纳管理】—【基础资料】—【银行账号】命令，进入银行账号页面，单击【新增】按钮，进入银行账号新增页面，根据表 5.2 所给实验数据输入银行账号信息，录入完毕，单击【保存】按钮，并【提交】【审核】。

回到银行账号页面【刷新】，根据实验数据选择银行账号，选择【业务操作】—【分配】进行分配，并对分配后的银行账号进行【提交】【审核】。

③ 设置内部账户

切换组织到海天科技公司，执行【财务会计】—【出纳管理】—【基础资料】—【内部账户】命令，进入内部账户页面，单击【新增】按钮，进入内部账户新增页面，根据表 5.3 所给实验数据输入内部账户信息，录入完毕，单击【保存】按钮，并【提交】【审核】。

回到内部账户页面【刷新】，根据实验数据选择内部账户，选择【业务操作】—【分配】进行分配，并对分配后的内部账户进行【提交】【审核】。

④ 设置收支两条线的银行账号

切换组织到海天科技公司，执行【财务会计】—【出纳管理】—【基础资料】—【银行账号】命令，进入银行账号页面，单击【新增】按钮，进入银行账号新增页面，根据表 5.4 所给实验数据输入收支两条线的银行账号信息，录入完毕，单击【保存】按钮，并【提交】【审核】。

回到银行账号页面【刷新】，根据实验数据新增相关银行账号，选择【业务操作】—【分配】进行分配，并对分配后的银行账号进行【提交】【审核】。

实验 2　出纳管理初始化

1. 业务场景

当出纳管理系统基础设置完成后，在出纳管理系统处理日常业务之前，还要完成出纳管理系统的初始化工作。

2. 操作人员

由海天科技公司会计李杰完成。

3. 业务数据

见实验 1 相关数据。

4. 实验指导

(1) 启用出纳管理

由海天科技公司会计李杰登录金蝶 K/3 Cloud 主界面，执行【财务会计】—【出纳管理】—【初始化】—【启用日期设置】命令，进入启用日期设置页面，将未启用的所有组织的启用日期设置为“2018-05-01”，单击【启用】按钮。

(2) 现金期初设置

假定组织选择销售公司，执行【财务会计】—【出纳管理】—【初始化】—【现金期初】命令，进入现金期初设置页面，单击【新增】按钮，进入现金期初新增页面，根据表 5.5 所给实验数据录入期初余额，录入完毕，单击【保存】【提交】【审核】，其他组织的录入参考上述方法。现金期初和银行存款期初要和总账期初现金和银行金额一致，如图 5.6 所示。

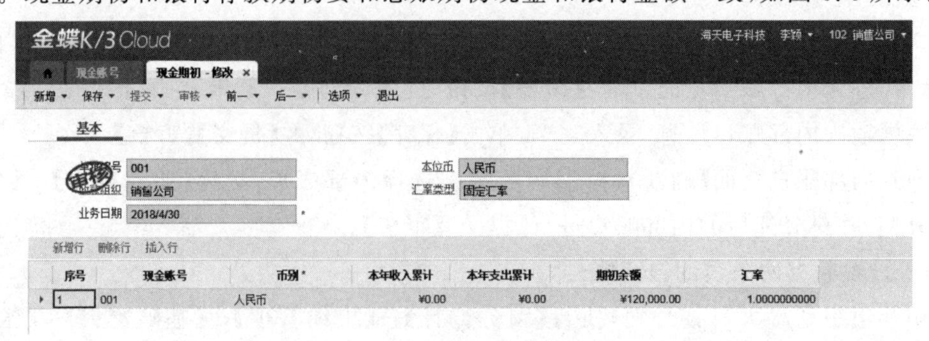

图 5.6　现金期初页面

(3) 银行存款期初设置

假定组织选择销售公司,执行【财务会计】—【出纳管理】—【初始化】—【银行存款期初】命令,进入银行存款期初设置页面,单击【新增】按钮,进入银行存款期初新增页面,根据表5.6所给实验数据录入期初余额,录入完毕,单击【保存】【提交】【审核】,其他组织的录入参考上述方法。现金期初和银行存款期初要和总账期初现金和银行金额一致,如图5.7所示。

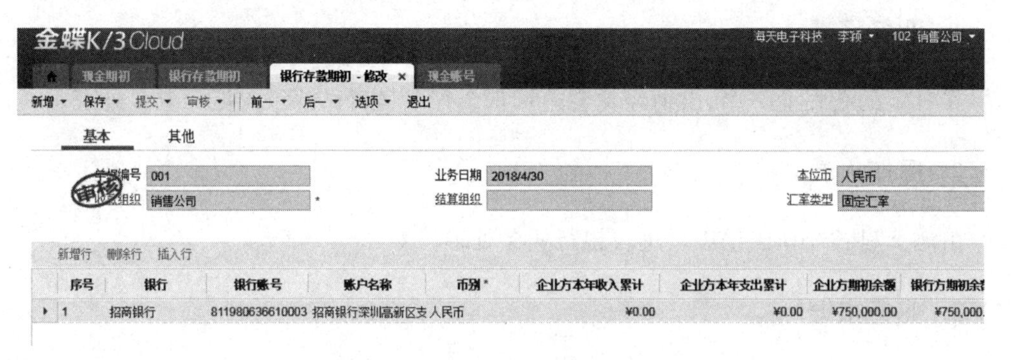

图5.7 银行存款期初设置页面

(4) 内部账户期初设置

组织选择海天科技公司,执行【财务会计】—【出纳管理】—【初始化】—【银行存款期初】命令,进入银行存款期初设置页面,单击【新增】按钮,进入银行存款期初新增页面,结算组织选择品牌电脑事业部,并根据表5.7所给实验数据录入期初余额,录入完毕,单击【保存】【提交】【审核】。其他组织内部账户设置参照上述方法处理。

(5) 资金内部账户期初设置

资金管理的初始化需要在出纳管理进行初始化时同时进行,组织选择海天科技公司,执行【财务会计】—【出纳管理】—【初始化】—【资金内部账户期初】命令,进入资金内部账户期初设置页面,单击【新增】按钮,进入资金内部账户期初新增页面,收付组织选择销售公司,并根据表5.8所给实验数据录入期初余额,录入完毕,单击【保存】【提交】【审核】。

(6) 结束初始化

执行【财务会计】—【出纳管理】—【初始化】—【出纳管理结束初始化】命令,进入出纳管理结束初始化页面。选择所有组织,单击【结束初始化】按钮,完成出纳管理系统所有初始化工作。

如果要查看明细现金流向及金额,需要执行【财务会计】—【出纳管理】—【日记账】—【现金日记账】命令,进入现金日记账过滤条件页面,输入查询条件。

如果要查看明细银行存款流向及金额,需要执行【财务会计】—【出纳管理】—【日记账】—【银行存款日记账】命令,进入银行存款日记账过滤条件页面,输入查询条件。

如果要查看按日汇总的现金流向及金额,需要执行【财务会计】—【出纳管理】—【报表】—【现金日报表】命令,进入现金日报表过滤条件页面,输入查询条件。

如果要查看按日汇总的银行存款流向及金额,需要执行【财务会计】—【出纳管理】—【报表】—【银行存款日报表】命令,进入银行存款日报表过滤条件页面,输入查询条件。

实验 3 日常银行业务处理

1. 业务场景

在日常的公司业务中,出纳经常会进行现金存取、银行转账,购汇等业务处理。

2. 操作人员

由海天科技公司出纳王岳进行银行业务处理。

3. 业务数据

2018 年 5 月 10 日,海天科技公司出纳王岳到开户银行从公司人民币账户 56666603 中提取现金 10 000 元备用,同时把公司港币账户 56666602 中的 80 000 元通过购汇的方式转入公司人民币账户 56666603 中,转入人民币 70 040 元,摘要输入“转出港元”。

4. 实验指导

(1) 现金存取

海天科技公司出纳王岳登录金蝶 K/3 Cloud 主界面,执行【财务会计】—【出纳管理】—【日常处理】—【现金存取单】命令,进入现金存取单页面。单击【新增】按钮,进入现金存取单新增页面,单据类型选择“取款”,根据给出的业务数据进行录入,单击【保存】【提交】【审核】。

(2) 银行转账

海天科技公司出纳王岳登录金蝶 K/3 Cloud 主界面,执行【财务会计】—【出纳管理】—【日常处理】—【银行转账单】命令,进入银行转账单页面。单击【新增】按钮,进入银行转账单新增页面,单据类型选择“购汇”,根据给出的业务数据进行录入,单击【保存】【提交】【审核】。在公司实务中,经常需要调用各种报表,所以学会输出报表也很重要。

如果要查看明细现金流向及金额,需要执行【财务会计】—【出纳管理】—【日记账】—【现金日记账】命令,进入现金日记账过滤条件页面,输入查询条件。

如果要查看明细银行存款流向及金额,需要执行【财务会计】—【出纳管理】—【日记账】—【银行存款日记账】命令,进入银行存款日记账过滤条件页面,输入查询条件。

如果要查看按日汇总的现金流向及金额,需要执行【财务会计】—【出纳管理】—【报表】—【现金日报表】命令，进入现金日报表过滤条件页面，输入查询条件。

如果要查看按日汇总的银行存款流向及金额，需要执行【财务会计】—【出纳管理】—【报表】—【银行存款日报表】命令，进入银行存款日报表过滤条件页面，输入查询条件。

实验4 应收票据收款

1. 业务场景

在公司的日常业务中，客户对货款的支付方式是有多种方式的，通过银行承兑汇票和商业承兑汇票来支付是较为常见的，客户采用这样的方式付款，就需要在出纳管理系统中录入应收票据，并通过应收票据进行后续的收款，收到票据后可以根据需要对应收票据进行贴现、到期收款和背书转让等执行操作。

2. 操作人员

有销售公司出纳张乐进行销售公司的应收票据业务处理。

3. 业务数据

2018年5月3日，销售公司出纳张乐收到深圳惠慕电器有限公司一张应收票据，票据信息见表5.9所示，在完成收款后，将这张应收票据进行贴现处理，取得银行存款。贴现信息见表5.10所示。

表5.9 应收票据信息

票据类型	银行承兑汇票	票据号	123000056
币别	人民币	签发日期	2018年5月3日
到期日	2018年8月3日	票面金额	90 000
票面利率(%)	5	出票人	深圳惠慕电器有限公司
承兑人	招商银行深圳高新区支行	承兑日期	2018年5月3日
收款组织	销售公司	结算组织	销售公司
往来单位类型	客户	往来单位	深圳惠慕电器有限公司

表5.10 贴现信息

贴现日期	2018年5月3日	收款/贴现银行	招商银行深圳高新区支行
收款银行账号	56666606	贴现率(%)	5

4. 实验指导

(1) 新增应收票据

销售公司出纳张乐登录金蝶K/3 Cloud主界面，执行【财务会计】—【出纳管理】—

【日常处理】—【应收票据】命令，进入应收票据页面。单击【新增】按钮，进入应收票据新增页面，根据表 5.9 给出的业务数据进行录入，录入完毕后，单击【保存】【提交】【审核】。

（2）完成收款

在审核应收票据后，系统自动生成收款单，可以在录入收款单信息后，通过应收收款核销来对应收单进行核销，假定本例采用系统自动关联核销选项，因此，审核应收票据自动生成的收款单，直接关闭即可。通过应收单下推生成收款单，关联应收票据完成收款。

销售公司出纳张乐登录金蝶 K/3 Cloud 主界面，执行【财务会计】—【应收款管理】—【销售应收】—【应收单列表】命令，进入应收单列表页面，勾选客户为深圳惠慕电器有限公司，价税合计为 90 000 元的应收单，单击【下推】按钮进入选择单据页面，选择“收款单”后单击【确定】，进入收款单新增页面。结算方式选择银行承兑汇票，在单据体的【应收票据】标签中，选择上面新增的应收票据，单击【保存】【提交】【审核】。

（3）票据操作

销售公司出纳张乐登录金蝶 K/3 Cloud 主界面，执行执行【财务会计】—【出纳管理】—【日常处理】—【应收票据】命令，进入应收票据页面，勾选上述新增的应收票据，选择【业务操作】—【贴现】进入贴现页面。根据表 5.10 给出的业务数据进行录入，单击【确定】按钮。

如要查看应收票据的处理情况，需执行【财务会计】—【出纳管理】—【报表】—【应收票据余额表】命令，进入应收票据余额表页面进行查看。

如果要查看应收票据处理明细情况，需要执行【财务会计】—【出纳管理】—【报表】—【应收票据执行明细】命令，进入应收票据执行明细页面，输入查询条件。

如果要查看应收票据收发存明细，需要执行【财务会计】—【出纳管理】—【报表】—【应收票据收发存明细表】命令，进入应收票据收发存明细表页面，输入查询条件。

实验 5　统收统支模式下的应付票据付款处理

1. 业务场景

海天科技公司实行统收统支的资金控制办法，这里以海天科技公司对品牌电脑事业部进行统收统支为例，海天科技公司为支付组织，品牌电脑事业部为结算组织。

2. 操作人员

由品牌电脑事业部会计丁武进行付款单的新增和应付款的操作，由海天科技公司出纳王岳进行应付票据录入，付款以及到期付款的操作。

3. 业务数据

2018 年 5 月 1 日，品牌电脑事业部向汕头电子零部件有限公司订购一批电脑专用电源 500 个，含税单价人民币 200 元，税率 17%，产生一笔应付款 100 000 元，由海天科技公司通过银行承兑汇票的方式给供应商付款，票据信息如表 5.11 所示，在完成付款后，海天科技公司对应付票据进行到期付款操作。

表 5.11　应付票据信息表

票据类型	银行承兑汇票	票据号	34800006
币别	人民币	签发日期	2018 年 5 月 1 日
到期日	2018 年 8 月 1 日	票面金额	100 000
票面利率(%)	5	承兑人	招商银行深圳高新区支行
付款组织	海天科技公司	结算组织	品牌电脑事业部
往来单位类型	供应商	往来单位	汕头电子零部件有限公司
付款日期	2018 年 5 月 1 日	付款银行	招商银行深圳高新区支行
保证金账号	56666603	一般存款账号	56666603

4. 实验指导

(1) 新增应付单

由品牌电脑事业部会计丁武登录金蝶 K/3 Cloud 主界面，执行【财务会计】—【应付款管理】—【采购应付】—【应付单列表】命令，进入应付单列表页面。单击【新增】按钮，进入应付单列表新增页面，供应商选择“汕头电子零部件有限公司”，付款组织选择“海天科技公司”，物料选择“电源”，输入完毕后，单击【保存】【提交】【审核】。

(2) 新增应付票据

由海天科技公司出纳王岳登录金蝶 K/3 Cloud 主界面，执行【财务会计】—【出纳管理】—【日常处理】—【应付票据】命令，进入应付票据页面。单击【新增】按钮，进入应付票据新增页面，根据表 5.11 给出的实验数据录入相关信息，输入完毕后，单击【保存】【提交】【审核】。

(3) 完成付款单录入

上述新增的应付票据经过审核后，系统会自动生成一张付款单，如果该付款单被关闭了，这可以执行【财务会计】—【出纳管理】—【日常处理】—【付款单】命令，进入付款单页面，单击【新增】按钮，在付款单单据头的基本标签中，选择结算组织为“品牌电脑事业部”，在页面明细标签的结算方式选择“银行承兑汇票”，在应付票据标签中选择这张新增的应付票据，并选择内部账户“0101”，在明细标签中应付金额为“100 000”元，单击【保存】【提交】【审核】。

(4) 应付付款核销

由品牌电脑事业部会计丁武登录金蝶 K/3 Cloud 主界面，执行【财务会计】—【应付款管理】—【应付付款】—【应付付款核销】命令，进入应付付款核销页面，勾选组织品牌电脑事业部，单击【下一步】按钮，直到完成，单击【核销记录】按钮，进入应付付款核销记录页面，完成应付付款核销工作。

(5) 应付票据到期付款处理

由海天科技公司出纳王岳登录金蝶 K/3 Cloud 主界面，执行【财务会计】—【出纳管理】—【日常处理】—【应付票据】命令，进入应付票据页面。勾选上述新增的应付票据，选择【业务操作】—【到期付款】，进入到期付款页面。根据表 5.11 给出的实验数据录入相关信息，单击【保存】。

要查看应付票据处理情况，可执行【财务会计】—【出纳管理】—【日常处理】—【应付票据结算单】命令，进入应付票据结算单页面。

实验 6 现金盘点

1. 业务场景

在公司的现金业务中，需要定时进行盘点工作，以保证账面金额与盘点金额的一致，发现问题要及时解决；如果保持一致，这需要录入相应的单据用以更新账面金额。

2. 操作人员

由销售公司出纳张乐对销售公司进行现金盘点业务。

3. 业务数据

接实验 5 继续操作。

4. 实验指导

由销售公司出纳张乐登录金蝶 K/3 Cloud 主界面，执行【财务会计】—【出纳管理】—【现金盘点】—【现金盘点表】命令，进入现金盘点表页面。单击【新增】，进入现金盘点新增页面，输入面值，张数，输入完毕后，观察页面左上方的“盘点金额”和“账面金额”是否一致。

如果需要查看现金明细流向及余额，需要执行【财务会计】—【出纳管理】—【日记账】—【现金日记账】命令，进入现金日记账过滤条件页面，输入查询条件。

如果需要查看按日汇总的现金流向及余额，需要执行【财务会计】—【出纳管理】—【报表】—【现金日报表】命令，进入现金日报表过滤条件页面，输入查询条件。

实验 7 出纳管理系统结账

1. 业务场景

期末为了对库存现金和银行存款实现日清月结的处理，需要结转库存现金和银行存款余额。

2. 操作人员

公司各组织的会计对各自的出纳管理系统进行结账工作。

3. 业务数据

本例相关数据。

4. 实验指导

海天科技公司会计李杰登录金蝶 K/3 Cloud 主界面，选择组织“海天科技公司”，执行【财务会计】—【出纳管理】—【出纳管理结账】命令，进入出纳管理页面，选择“海天科技公司”，单击【结账】按钮，完成结账工作。结账完成后，系统会提示结账结果。公司其他组织参看上述方法分别完成出纳管理系统的结账工作。

实训活动

活动要求

- 在安装有金蝶 K/3 Cloud 软件的实验室，恢复第四章的数据中心数据。
- 了解实验案例出纳管理业务系统的参数设置和初始化等操作。
- 了解实验案例出纳管理业务系统日常业务处理的流程和基本操作。

活动内容

- 进行实验模拟——出纳业务处理。
- 实验 1　设置出纳系统基础。
- 实验 2　出纳管理初始化。
- 实验 3　日常银行业务处理。
- 实验 4　应收票据收款。
- 实验 5　统收统支模式下的应付票据付款处理。
- 实验 6　现金盘点。
- 实验 7　出纳管理系统结账。

活动评价

通过实训，结合教学大纲要求的教学时数，统计第五章的学习进度、熟练程度以及学习质量来做出评价。

本章小结

本章要重点了解出纳管理业务系统是支持企业出纳人员在系统中完成所有相关的货币资金、票据以及有价证券的收付、保管、核算等日常工作，并提供出纳管理报表查询，支持企业实现统收统支的业务管理的系统。该系统与总账系统、应收应付等系统连接，确保企业资金的日常流转。

思考题

1. 出纳系统的日常业务主要包括哪些内容？
2. 出纳系统的银行业务包括哪些内容？如何操作？
3. 出纳系统的应收票据收款应该如何操作？
4. 统收统支模式下的应付票据付款包括哪几个步骤？
5. 现金盘点应该执行什么命令？
6. 若要查看按日汇总的现金流向及余额，应该执行什么命令？

第六章

固定资产业务系统

学习目标

- 了解海天电子科技有限公司的固定资产业务系统。
- 掌握金蝶 K/3 Cloud 软件之启用固定资产系统及维护相关基础资料、固定资产日常业务处理、固定资产期末结账处理的具体操作。

6.1 固定资产系统概述

固定资产系统以资产卡片管理为中心，从资产购入企业开始到资产退出的整个生命周期的管理，能针对资产实物进行全程跟踪、能够记录、计量资产的价值变化，能够记录资产的使用情况和折旧费用的分配情况。实现资产管理工作的信息化、规范化与标准化管理，全面提升企业资产管理工作的工作效率与管理水平，使资产的管理变得轻松、准确、快捷和全面。

6.2 固定资产系统总体流程图

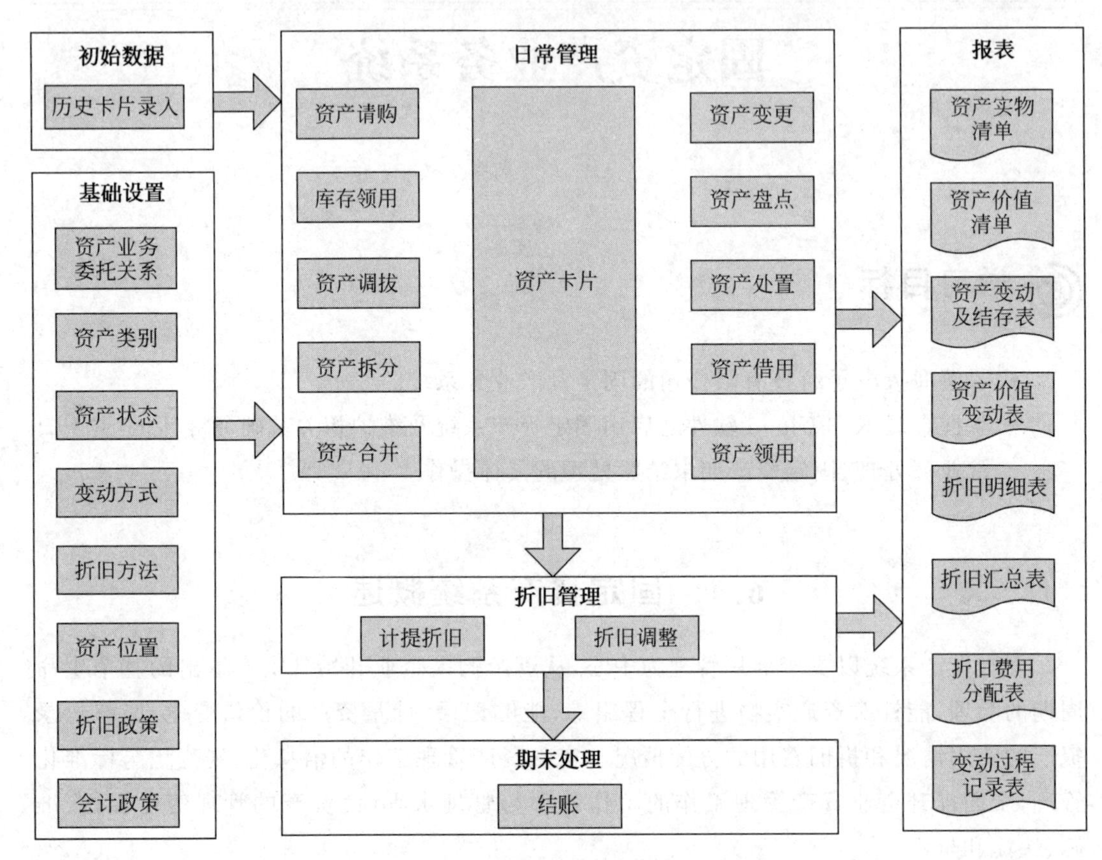

图 6.1 固定资产系统总体流程图

6.3 固定资产系统业务操作流程

1. 启用固定资产系统，对相应的组织设置对应的启用年度及期间

序号	业务操作	责任人
1	进入【资产管理】—【固定资产】—【启用期间设置】—【启用固定资产系统】	主管会计

2. 基础资料维护包括资产类别、资产状态、变动方式、折旧方法、资产位置、折旧政策、会计政策等

序号	业务操作	责任人
1	进入【资产管理】—【固定资产】—【基础资料】—【资产类别、资产状态、变动方式】等基础资料的设置	主管会计

3. 固定资产初始化操作

序号	业务操作	责任人
1	进入【资产管理】—【固定资产】—【资产卡片】—【资产卡片新增】进行初始化卡片录入(注；初始化卡片只能录入开始使用日期早于启用期间且入账期间与启用期间在同一期的卡片)	主管会计

4. 资产卡片日常业务操作

序号	业务操作	责任人
1	进入【资产管理】—【固定资产】—【资产请购】—【资产申请单】【采购申请单】进行资产采购的申请	总账会计
2	资产入账,通过【资产申请单】【采购申请单】—【资产卡片】,或者直接新增【资产卡片】	总账会计
3	资产的变更及处置,【资产管理】—【固定资产】—【日常管理】—【资产变更】【资产处置】等	总账会计

5. 期末处理

序号	业务操作	责任人
1	进入【资产管理】—【固定资产】—【折旧管理】—【折旧计提】进行资产卡片折旧计提	总账会计
2	进入【资产管理】—【固定资产】—【账务处理】—【凭证生成】对固定资产卡片进行账务处理生成总账凭证	总账会计
3	进入【资产管理】—【固定资产】—【期末处理】—【结账】对固定资产系统进行期末结账	总账会计

6.4　实验模拟——固定资产业务处理

本章实验包括：

实验 1　启用固定资产系统及维护相关基础资料

实验 2　固定资产日常业务处理

实验 3　固定资产期末结账处理

实验 1　启用固定资产系统及维护相关基础资料

1. 业务场景

启用固定资产系统,设置固定资产系统参数、录入相关基础资料。

2. 操作人员

由信息管理员李颖负责固定资产系统参数设置，录入相关基础资料。

3. 业务数据

（1）资产位置设置，如表 6.1 所示。

表 6.1 资产位置

创建组织	使用组织	地址
海天电子科技总公司	海天电子科技总公司	本部大楼
海天科技公司	海天科技公司	办公大楼
销售公司	销售公司	销售公司办公大楼
品牌电脑事业部	品牌电脑事业部	事业部厂区
组装电脑事业部	组装电脑事业部	事业部厂区
上海销售分公司	上海销售分公司	分公司办公大楼

（2）资产系统启用期间设置，如表 6.2 所示。

表 6.2 资产系统启用期间设置

货主组织	会计政策	启用年度	启用期间
海天电子科技总公司	中国准则会计政策	2017	12
海天科技公司	中国准则会计政策	2017	12
销售公司	中国准则会计政策	2017	12
品牌电脑事业部	中国准则会计政策	2017	12
组装电脑事业部	中国准则会计政策	2017	12
上海销售分公司	中国准则会计政策	2017	12

（3）初始化卡片数据，详细情况如表 6.3 所示。

表 6.3 初始化卡片数据

资产组织	海天电子科技总公司	海天科技公司	销售公司	品牌电脑事业部	上海销售分公司
货主组织	海天电子科技总公司	海天科技公司	销售公司	品牌电脑事业部	上海销售分公司
资产类别	房屋建筑	电子设备	电子设备	机械设备	电子设备
资产名称	海天电子科技大楼	检测仪器	打印复印一体机	轧板机	电脑
资产位置	总公司大楼	海天科技大楼	销售公司大楼	品牌事业部	上海销售分公司
使用部门	公司行政管理部门	海天技术部	公司人事部	品牌事业部车间	分公司办公室
会计政策	中国准则	中国准则	中国准则	中国准则	中国准则
开始日期	2012/04/30	2014/04/30	2018/04/30	2014/04/30	2014/04/30
入账日期	2018/04/30	2018/04/30	2018/04/30	2018/04/30	2018/04/30
可使用年限	40 年	10 年	3 年	6 年	3 年
残值率(%)	4	5	0.5	2	3
原值(万元)	5 000	200	1.5	3	0.9
累计折旧(万元)	720	76	0	1.96	1.164

4. 实验指导

(1) 资产位置设置

信息管理员李颖登录金蝶 K/3 Cloud 主界面，执行【资产管理】—【固定资产】—【基础资料】—【资产位置】命令，单击【新增】按钮，录入表 6.1 相关实验数据，新增完成后，单击【保存】【提交】【审核】，完成固定资产位置的新增工作。

(2) 固定资产折旧政策设置

信息管理员李颖登录金蝶 K/3 Cloud 主界面，执行【资产管理】—【固定资产】—【基础资料】—【折旧政策】命令，查看系统默认的折旧政策。可以在当前页面做出修改，本例采用系统默认设置。

(3) 启用固定资产系统

在金蝶 K/3 Cloud 主界面，执行【资产管理】—【固定资产】—【启用固定资产系统】命令，进行固定资产系统的启用，如图 6.2 所示。需要注意的是，因为系统默认为当前期间，固定资产系统启用期间要比总账的启用期间早一个期间，才能完成初始化，所以要关注启用期间的修改。

金蝶K/3 Cloud　海天电子科技　李颖　100 海天电子科技总公司"

启用固定资产系统

启用　反启用　启用列表　退出

序号	选择	货主组织编码	货主组织名称	会计政策编码	会计政策名称	会计日历	启用年度	启用期间	是否
1		102	销售公司	KJZC01_SYS	中国准则会计政策	系统预设会计日历	2017	12	是
2		101.02	品牌电脑事业部	KJZC01_SYS	中国准则会计政策	系统预设会计日历	2017	12	是
3		101.03	组装电脑事业部	KJZC01_SYS	中国准则会计政策	系统预设会计日历	2017	12	是
4		102.01	上海销售分公司	KJZC01_SYS	中国准则会计政策	系统预设会计日历	2017	12	是
5		101.01	海天科技公司本部	KJZC01_SYS	中国准则会计政策	系统预设会计日历	2017	12	是

图 6.2　启用固定资产系统页面

在金蝶 K/3 Cloud 主界面，执行【资产管理】—【固定资产】—【固定资产参数设置】命令，进行固定资产参数的设置，如图 6.3 所示。

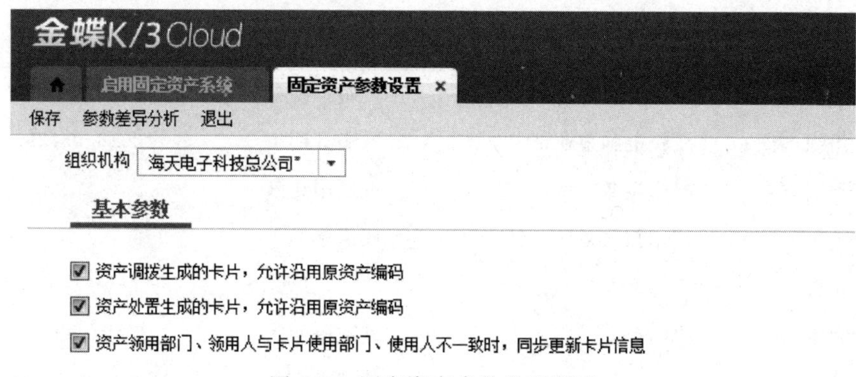

图 6.3　固定资产参数设置页面

(4) 固定资产新增卡片

信息管理员李颖登录金蝶 K/3 Cloud 主界面，执行【资产管理】—【固定资产】—【日常管理】—【资产卡片】命令，单击【新增】按钮，根据表 6.3 所给实验数据录入资产卡片信息，其中，在【实物信息】标签中录入资产位置，在【使用分配】标签中录入使用部门及费用项目，费用项目均为折旧费用，完成录入单击【保存】【提交】【审核】。

表 6.3 中固定资产初始卡片的入账时间 2018 年 4 月 30 日，这是判断是否为初始卡片的唯一标识，资产类别要先录入，可以按 F8 选择。

(5) 完成初始化

信息管理员李颖登录金蝶 K/3 Cloud 主界面，执行【资产管理】—【固定资产】—【初始化】—【固定资产管理结束初始化】命令，勾选所有组织结束初始化，单击工具栏上的【结束初始化】按钮。

实验 2　固定资产日常业务处理

1. 业务场景

对固定资产的新增、变更、调拨、盘点、处理、折旧等业务处理。

2. 操作人员

由品牌电脑事业部会计丁武、信息管理员李颖、销售公司会计张娜、海天科技总公司会计王菊进行固定资产的日常业务处理。

3. 业务数据

(1) 2018 年 5 月 29 日，品牌电脑事业部购入 5 台打印扫描复印一体机，由品牌电脑事业部会计丁武录入资产卡片，录入资产应付单，所关联资产的卡片如表 6.4 所示。

表 6.4　资产卡片

资产组织	品牌电脑事业部	开始日期	2018/05/29
货主组织	品牌电脑事业部	入账日期	2018/05/29
资产类别	电子设备	可使用年限	5
资产名称	打印扫描复印一体机	残值率%	5
资产位置	事业部办公室	原值/万元	1
会计政策	中国准则	进项税额	1 452.99
资产数量	5	使用部门	事业部办公室

（2）资产应付单，如图 6.5 所示。

表 6.5 资产应付单

单据类型	供应商	资产名称	含税单价	税率	计价数量
资产应付单	苏州电子制造厂	打印扫描复印一体机	2 000	17%	5

（3）在完成资产卡片录入后，经核对发现表 6.3 中资产卡片“检测仪器”的累计折旧金额有误差，需要从原来的 76 万元调整到 76.5 万元。

（4）由于工作办公需要，销售公司向品牌电脑事业部申请调拨一台打印复印扫描一体机。录入资产调入调出单据，并完成组织间结算。品牌电脑事业部丁武录入资产调出单，将自动生成对应资产调入单，如表 6.6 所示。

表 6.6 资产调出单

调出资产组织	调入资产组织	资产名称
品牌电脑事业部	销售公司	打印复印扫描一体机

（5）信息管理员李颖维护组织间结算关系，组织间结算关系如表 6.7 所示。

表 6.7 组织间结算关系

会计核算体系	供货方	接收方
利润中心核算体系	品牌电脑事业部	销售公司

品牌电脑事业部丁武进行组织间结算，审核应收结算清单并下推生成应收单，完成应收单的审核。

销售公司会计张娜审核应付结算清单并下推生成应付单，完成应付单的审核。

（6）资产盘点：资产盘点详细情况如表 6.8 所示。

表 6.8 盘点方案

盘点方案名称	资产组织	货主组织
总公司盘点	海天电子科技总公司	海天电子科技总公司、海天科技公司、销售公司

4. 实验指导

（1）新增资产

① 新增固定资产卡片

品牌电脑事业部会计丁武登录金蝶 K/3 Cloud 主界面，执行【资产管理】—【固定资产】—【日常管理】—【资产卡片】命令，单击【增加】按钮。根据表 6.4 所给实验数据录入资产卡片信息，如图 6.4 所示。

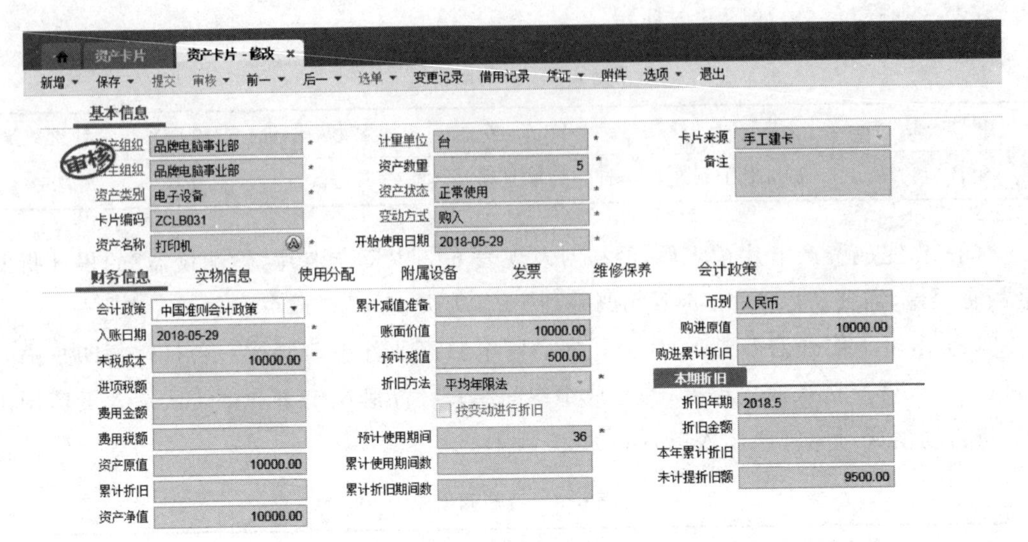

图 6.4　固定资产卡片新增并完成审核页面

在实务中,系统提供了“新增复制”功能,可以实现同时新增多个相同的固定资产。使用该功能,除了卡片编码顺序递增外,其他信息都可以复制到新的卡片中,可以进行修改后保存。

② 录入资产应付单,关联资产卡片

品牌电脑事业部会计丁武登录金蝶 K/3 Cloud 主界面,执行【财务会计】—【应付款管理】—【采购应付】—【应付单新增】命令。根据表 6.5 提供的实验数据录入应付单,关联上一步新增的资产卡片,单击【保存】【提交】【审核】。

(2) 资产变更

品牌电脑事业部会计丁武登录金蝶 K/3 Cloud 主界面,执行【资产管理】—【固定资产】—【日常管理】—【资产变更】命令,选择需要变更的资产卡片“检测仪器”,在“财务信息”标签中根据所给实验数据在“累计折旧(变更后)”栏内录入更正后的累计折旧金额,单击【保存】【提交】【审核】。

(3) 资产调拨

① 制作资产调出单

品牌电脑事业部会计丁武登录金蝶 K/3 Cloud 主界面,执行【资产管理】—【固定资产】—【日常管理】—【资产调出单】命令,单击【新增】按钮,根据表 6.6 所给实验数据,填写单据,单击【保存】【提交】【审核】,如图 6.5 所示。

② 关联生成资产调入单

资产调出单在审核后会关联生成资产调入单,销售公司会计张娜登录金蝶 K/3 Cloud 主界面,执行【资产管理】—【固定资产】—【日常管理】—【资产调入】命令,选择需要审核的调入单,进行【提交】【审核】。资产调入单不能手工新增,只能是调出单审核后系统自动关联生成。

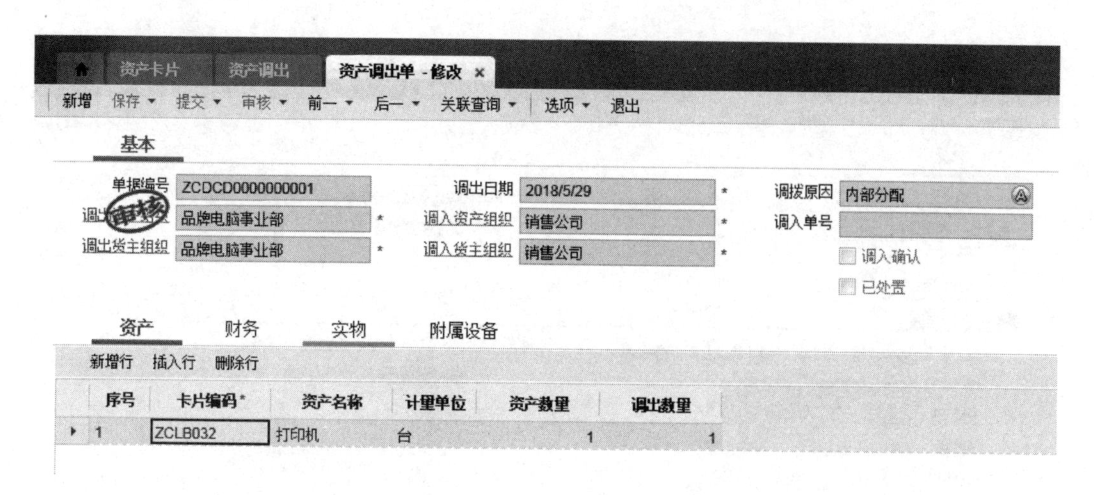

图 6.5　资产调出单新增后的审核页面

③ 新增组织间结算关系

信息管理员李颖执行【供应链】—【组织间结算】—【组织间结算关系】命令，单击【新增】按钮，进行组织间结算关系的新增，单击【保存】【提交】【审核】。

品牌电脑事业部丁武执行【供应链】—【组织间结算】—【创建结算清单】命令，根据表 6.7 所给实验数据，会计核算体系选择“利润中心核算体系”，核算组织选择“品牌电脑事业部”，开始日期为 2018 年 5 月 1 日，结算日期为 2018 年 5 月 31 日，单击【下一步】按钮，进行组织间结算。在参数设置中仅勾选结算业务对方组织自动生成结算清单，单击【下一步】按钮，直到完成结算。

品牌电脑事业部丁武执行【供应链】—【组织间结算】—【应收结算清单-资产】命令，提交审核对应的应收结算清单，并下推生成应收单，提交审核。

依照上述方法，销售公司会计张娜执行【供应链】—【组织间结算】—【应付结算清单-资产】命令，审核对应的应付结算清单，并下推生成应付单，提交审核。

(4) 资产盘点

① 新增盘点方案

海天科技总公司会计王菊登录金蝶 K/3 Cloud 主界面，执行【资产管理】—【固定资产】—【资产盘点】—【盘点方案】命令，单击【增加】按钮，进行盘点方案的新增，盘点海天科技公司，销售公司的资产，根据表 6.8 所给的实验数据录入相关信息，完毕后单击【保存】【提交】【审核】，如图 6.6 所示。

② 生成盘点表

在金蝶 K/3 Cloud 主界面，执行【资产管理】—【固定资产】—【资产盘点】—【盘点方案】命令，选择上面建立的盘点方案，单击【生成盘点表】按钮，生成盘点表。

③ 资产盘点

海天科技总公司会计王菊进行盘点，发现少了一台打印扫描复印一体机，于是要在

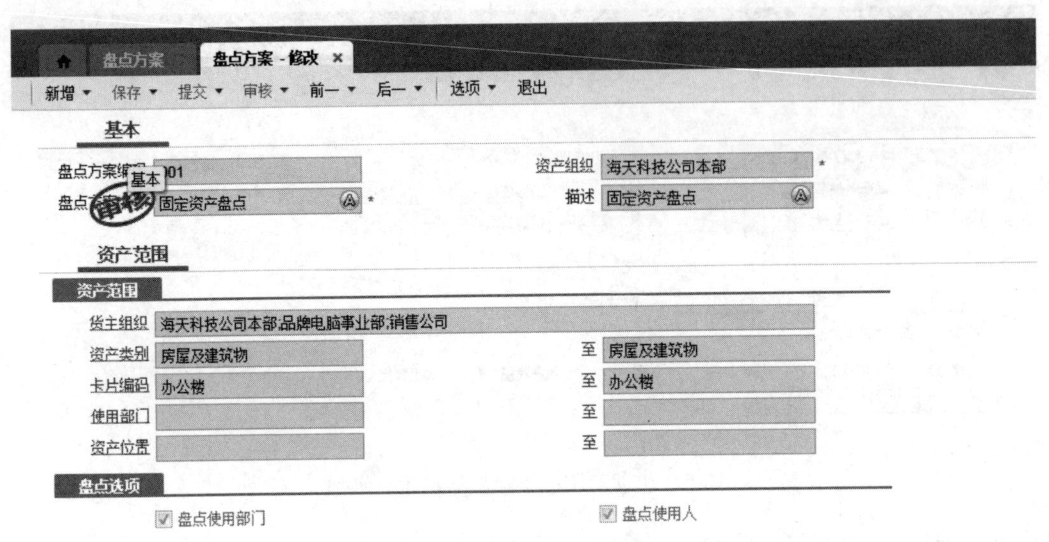

图 6.6　固定资产盘点方案审核页面

金蝶 K/3 Cloud 主界面，执行【资产管理】—【固定资产】—【资产盘点】—【资产盘点表】命令，选择资产盘点表进入资产盘点表修改页面，显示打印扫描复印一体机数量账面数量为 7 台，本次盘点为 6 台，在页面“初盘数量”栏输入 6 台，完毕后，单击【保存】【提交】【审核】，系统将自动生成盘盈盘亏单。

④ 盘盈盘亏单

海天科技总公司会计王菊对盘点表审核后，执行【资产管理】—【固定资产】—【资产盘点】—【盘盈盘亏单】命令，查看盘亏单，单击【保存】【提交】【审核】。

⑤ 资产处置

海天科技总公司会计王菊对盘盈盘亏单审核后，执行【资产管理】—【固定资产】—【资产盘点】—【盘盈盘亏单】命令，选择上面审核的盘亏单，下推生成资产处置单，录入处置清理费用人民币 2 000 元。单击【保存】【提交】【审核】。

⑥ 折旧管理

品牌电脑事业部丁武在金蝶 K/3 Cloud 主界面，执行【资产管理】—【固定资产】—【折旧管理】—【计提折旧】命令，选择海天科技公司，单击【计提折旧】按钮。完成后，系统会自动生成折旧调整单，在系统主界面继续执行【资产管理】—【固定资产】—【折旧管理】—【折旧调整单】命令，查看折旧调整单并【提交】【审核】，如图 6.7 所示。其他组织的会计可以分别就各自的固定资产参照上述步骤完成计提折旧的工作，并审核各自组织生成的折旧调整单，如图 6.8 所示。

操作中需要注意，计提折旧时可以选择不同货主组织、不同会计政策，也可以批量操作；计提折旧前的固定资产卡片一定是已经审核的；计提折旧后，系统自动生成的折旧调整单也可以手工修改。

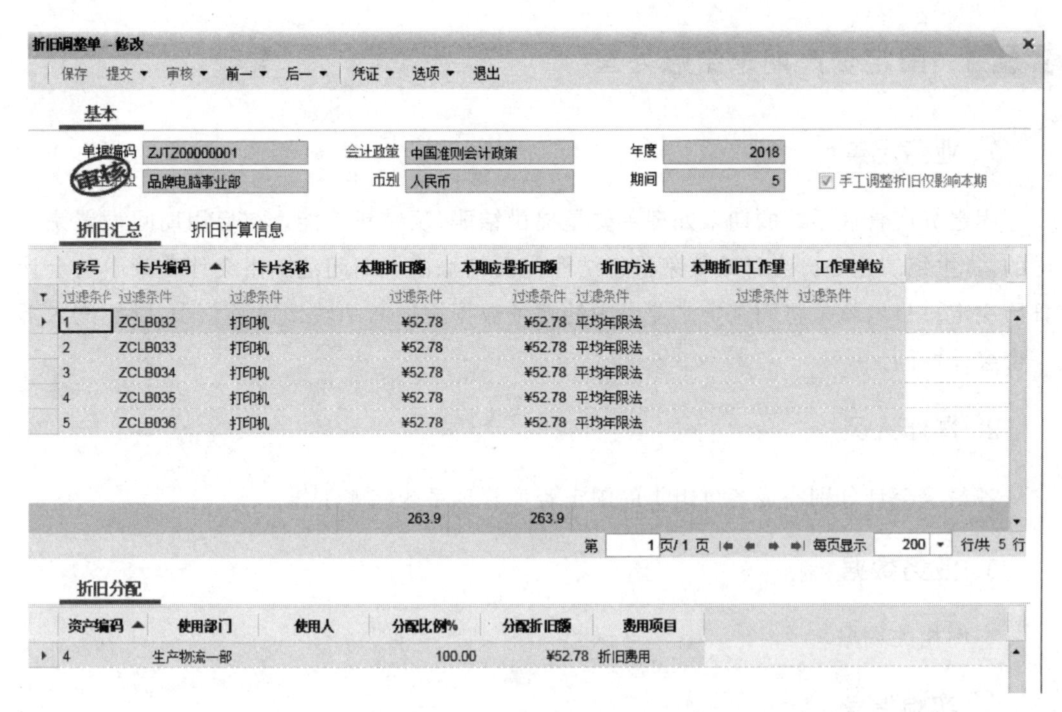

图 6.7　折旧调整单页面

欢迎使用计提折旧功能
本向导将自动计算各资产应计提的折旧额，计提明细请在折旧调整中查询

范围选择　计提折旧

请确定本次计提折旧的范围：

选择	货主组织	会计政策	当前会计年期
☑	销售公司	中国准则会计政策	2018年5期
☑	品牌电脑事业部	中国准则会计政策	2018年5期
☑	组装电脑事业部	中国准则会计政策	2018年5期
☑	上海销售分公司	中国准则会计政策	2018年5期
☑	海天科技公司本部	中国准则会计政策	2018年5期

此选项用于本期已计提，且相应折旧调整单中折旧额被手工重新调整的固定资产，本次不重新计提折旧。

☑ 保留本期折旧调整单的折旧额调整

计提折旧　取消

图 6.8　固定资产计提折旧页面

实验 3 固定资产期末结账处理

1. 业务场景

固定资产管理系统的期末处理主要是提供结账、反结账功能。与启用期间设置是一样的,货主组织也是分会计政策来进行结账与反结账的。期间范围由会计政策中的会计日历决定。目的就是将固定资产业务中的财务数据按期间结转传递至总账,以便进入下一个会计期间。

2. 操作人员

各组织会计分别完成各自组织的固定资产管理系统结账工作。

3. 业务数据

本例相关数据。

4. 实验指导

以销售公司为例,销售公司会计张娜登录金蝶 K/3 Cloud 主界面,选择组织为"销售公司",执行【财务会计】—【固定资产】—【期末处理】—【结账】命令,进入固定资产结账页面。选择"销售公司",单击【开始】按钮,完成结账工作。结账完成后,系统会提示结账结果。

需要注意的是,结账前,当前期间的资产卡片、资产变更单、资产处置单、资产调出单、资产调入单、折旧调整单等全部已经被审核;资产调入单和资产盘盈单已经建卡;本期需要计提折旧的固定资产已经全部计提折旧。

实训活动

活动要求

- 在安装有金蝶 K/3 Cloud 软件的实验室,恢复第五章的数据中心数据。
- 了解实验案例固定资产业务系统的参数设置和初始化等操作。
- 了解实验案例固定资产业务系统日常业务处理的流程和基本操作。

活动内容

- 进行实验模拟——固定资产业务处理。
- 实验 1　启用固定资产系统及维护相关基础资料。
- 实验 2　固定资产日常业务处理。

◆ 实验 3　固定资产期末结账处理。

活动评价

通过实训，结合教学大纲要求的教学时数，统计第六章的学习进度、熟练程度以及学习质量来做出评价。

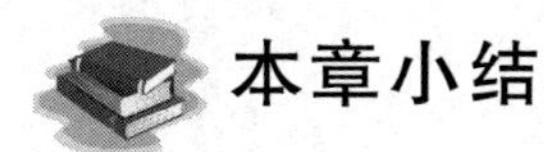

本章小结

本章要重点了解固定资产业务系统是以卡片管理为中心，从新增固定资产、资产变更、资产处置到计提折旧的完整管理系统，是对从资产购入企业开始到资产退出的整个生命周期的管理，是实现资产管理信息化、规范化和标准化管理重要手段。

思考题

1. 固定资产系统是以什么作为中心展开相关核算的？
2. 一个完整的固定资产日常业务主要包括哪四个环节或步骤？
3. 固定资产系统初始化包括哪些内容？
4. 固定资产的日常管理主要包括哪些内容？
5. 什么叫固定资产的变更和资产的调拨？应该如何操作？
6. 计提固定资产折旧前，是否需要所有的固定资产卡片都要处于审核状态？
7. 企业不同的固定资产在同一会计期间，是否可以采取不用的会计政策？是否可以批量操作？

第七章

库存管理业务系统

学习目标

- 了解海天电子科技有限公司的库存管理业务系统。
- 掌握金蝶 K/3 Cloud 软件之供应链初始化设置及录入期初数据、存货核算系统初始化、存货核算系统日常业务处理、组装拆卸、库存直接调拨、库存盘点的具体操作。

7.1 库存管理系统概述

库存管理(也称仓存管理、仓储管理),是企业的基础和核心,是供应链管理中的重要环节,而供应链管理的初衷是消除一切无效率的活动,它是支撑企业销售、采购、生产业务的有效运作的必要手段。库存管理在物料日常出入库控制、保证生产的正常进行发挥着重要作用。库存管理的核心在于物流、账目、库存三方面,同时将库存控制在合理水平,为企业提供准确的库存信息,为企业快速响应市场变化、满足市场需求、提高企业竞争力提供有力保证。

库存管理主要业务包括仓库管理、日常的物料流转业务、库存控制三大部分。是通过入库业务、出库业务、调拨、组装拆卸、库存调整等功能,结合批号保质期管理、库存盘点、即时库存管理等功能综合运用的管理系统,对库存业务的物流和成本管理全过程进行有效控制和跟踪,实现完善的企业库存信息管理。

7.2　库存管理系统总体流程图

仓存管理系统应用流程图

基础设置
初始化
日常业务
期末处理

基础资料
系统参数
启用
库存管理
初始库存录入
结束初始化
采购入库
采购退料
产品入库
生产领料
生产退料
直接调拨
销售退货
销售出库
其他入库
其他出库
组装拆卸
库存调整
盘点
关账

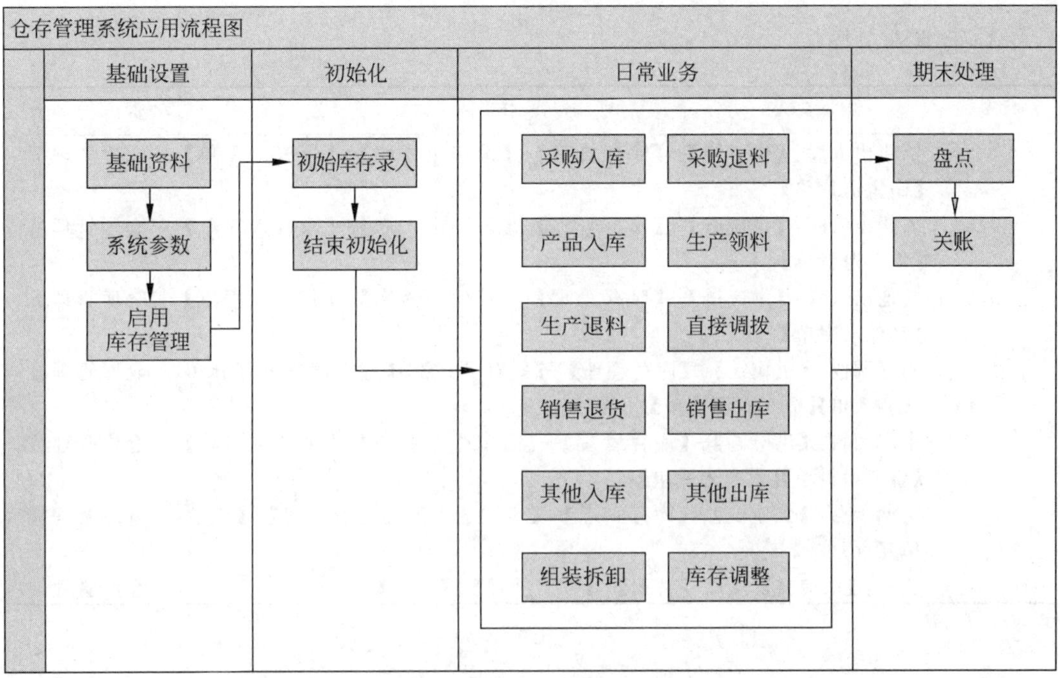

图 7.1　库存管理系统总体流程图

7.3　库存管理系统业务操作流程

1. 基础资料设置

序号	业务操作	责任人
1	进入【基础管理】—【基础资料】设置公共的基础资料，包括：组织信息、计量单位、物料、供应商、客户、部门、业务员、仓库、仓位、库存状态等	仓库管理员
2	启用库存管理及设置库存管理系统参数，进入【供应链】—【库存管理】—【初始化】—【启用库存管理】，再进入【供应链】—【库存管理】—【参数设置】—【库存管理系统参数】	仓库管理员
3	进入【供应链】—【库存管理】—【基础资料】设置库存基础数据，包括库存状态、仓位值集、仓库、辅助属性、批号编码规则等	仓库管理员

2. 期初数据录入

序号	业务操作	责任人
1	系统启用时，录入期初库存余额。进入【供应链】—【库存管理】—【初始化】—【初始库存】	仓库管理员

3. 日常业务操作

序号	业务操作	责任人
1	销售出入库：【供应链】—【库存管理】—【销售出入库】—【销售出库单】【销售退货单】	仓库管理员
2	采购出入库：【供应链】—【库存管理】—【采购出入库】—【采购入库单】【采购退料单】	仓库管理员
3	其他出入库：【供应链】—【库存管理】—【其他出入库】—【其他入库单】【其他出库单】	仓库管理员
4	库存调拨：【供应链】—【库存管理】—【库存调拨】—【直接调拨单】【分布式调入单】【分布式调出单】	仓库管理员
5	生产领料：【供应链】—【库存管理】—【简单生产业务】—【生产领料单】【生产退料单】【生产入库单】	仓库管理员
6	定期盘点：【供应链】—【库存管理】—【定期盘点】—【盘点方案】—【盘盈单】【盘亏单】	仓库管理员
7	关账：【供应链】—【库存管理】—【期末处理】—【关账】	仓库管理员

7.4 实验模拟——库存业务处理

本章实验包括：

实验 1　供应链初始化设置及录入期初数据

实验 2　存货核算系统初始化

实验 3　存货核算系统日常业务处理

实验 4　组装拆卸

实验 5　库存直接调拨

实验 6　库存盘点

实验 1　供应链初始化设置及录入期初数据

1. 业务场景

启用库存管理系统，根据企业业务管理制度进行库存管理系统的相关参数设置，整理业务原始数据，维护系统期初数据，完成初始化工作。

2. 操作人员

由品牌电脑事业部会计丁武登录进行初始化设置。

3. 业务数据

(1) 启用品牌电脑事业部库存管理系统的系统日期为2018年5月9日。

(2) 品牌电脑事业部整理出来的期初库存数据,如表7.1所示。

表7.1 期初库存情况

物料名称	期初数量	期初单价	所属仓库
CPU	150	2 000	原料仓
硬盘	200	560	原料仓
电源	160	320	原料仓
内存条	200	200	原料仓
机箱	100	300	原料仓
主板	160	700	原料仓
显示器	120	450	半成品仓
显示器(可选装配)	80	600	原料仓
主机	200	4 000	半成品仓
鼠标	270	50	半成品仓
键盘	50	100	半成品仓
键盘(可选装配)	70	300	原料仓
品牌电脑	80	5 500	成品仓
品牌电脑	980	8 500	原料仓
组装电脑	50	4 500	成品仓

4. 实验指导

(1) 系统启用日期设置

品牌电脑事业部会计丁武登录金蝶K/3 Cloud主界面,执行【供应链】—【库存管理】—【初始化】—【启用库存管理】命令,进入启用库存管理页面。勾选组织“海天科技公司”和“销售公司”,库存启用日期均设置为2018/5/1,单击【保存】按钮,完成库存管理系统启用日期的设置工作,如图7.2所示。

(2) 初始库存数据录入

品牌电脑事业部会计丁武登录金蝶K/3 Cloud主界面,将组织切换到“品牌电脑事业部”,执行【供应链】—【库存管理】—【初始化】—【初始库存】命令,进入初始库存新增页面。根据表7.1所给的实验数据,在“基本信息”标签下,仓库选择“品牌电脑事业部原料仓”,在“明细信息”标签下,根据实验数据录入各物料的物料名称和期初数量等。录入完毕后,单击【保存】【提交】【审核】,完成初始库存数据录入工作,如图7.3所示。其他组织参照上述方法各自完成此项工作。

选择	库存组织编码	库存组织名称	库存启用日期	状态
☑	101.02	品牌电脑事业部	2018/5/9	已启用
☑	101.03	组装电脑事业部	2018/5/9	已启用
☑	102	销售公司	2018/5/9	已启用
☑	102.01	上海销售分公司	2018/5/9	已启用

图 7.2　启用库存管理页面

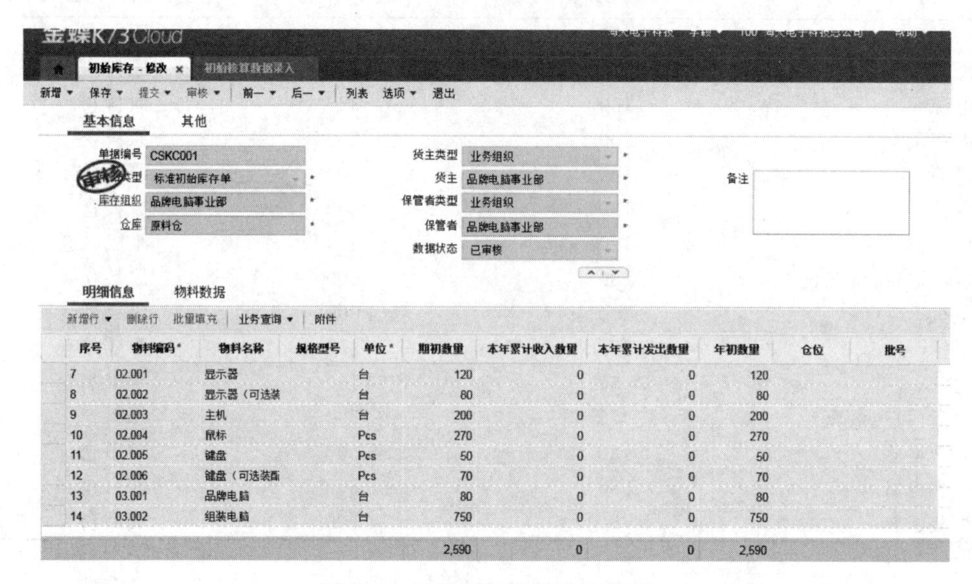

序号	物料编码	物料名称	规格型号	单位	期初数量	本年累计收入数量	本年累计发出数量	年初数量	仓位	批号
7	02.001	显示器		台	120	0	0	120		
8	02.002	显示器（可选装		台	80	0	0	80		
9	02.003	主机		台	200	0	0	200		
10	02.004	鼠标		Pcs	270	0	0	270		
11	02.005	键盘		Pcs	50	0	0	50		
12	02.006	键盘（可选装配		Pcs	70	0	0	70		
13	03.001	品牌电脑		台	80	0	0	80		
14	03.002	组装电脑		台	750	0	0	750		
					2,590	0	0	2,590		

图 7.3　初始库存数据录入页面

（3）结束初始化

品牌电脑事业部会计丁武登录金蝶 K/3 Cloud 主界面，执行【供应链】—【库存管理】—【初始化】—【库存管理结束初始化】命令，进入结束初始化页面，勾选相关库存组织，单击【结束初始化】按钮，完成库存组织的初始化工作，如图 7.4 所示。

金蝶K/3 Cloud　海天电子科技　李颖

结束初始化

结束初始化　错误信息　退出

选择	库存组织编码	库存组织名称	库存组织描述	结果
☑	102	销售公司		成功
☑	101.02	品牌电脑事业部		成功
☑	101.03	组装电脑事业部		成功
☑	102.01	上海销售分公司		成功

图 7.4　库存管理系统结束初始化页面

实验 2　存货核算系统初始化

1. 业务场景

在存货核算系统正式处理日常业务之前，首先要完成存货核算系统的初始化工作。

2. 操作人员

由信息管理员李颖完成存货核算系统的初始化工作。

3. 业务数据

(1) 存货核算范围设置信息表，如表 7.2 所示。

表 7.2　存货核算范围设置信息表

核算范围编码	核算范围名称	划分依据	核算体系	核算组织	会计政策	计价方法	核算范围
000001	海天电子科技总公司	货主＋库存组织	财务会计核算体系	海天电子科技总公司	中国准则会计政策	加权平均法	货主：海天电子科技总公司 库存组织：品牌电脑事业部、组装电脑事业部
000002	销售公司	货主	财务会计核算体系	销售公司	中国准则会计政策	加权平均法	货主：销售公司 库存组织：上海销售分公司
000005	上海销售分公司	货主	财务会计核算体系	上海销售分公司	中国准则会计政策	加权平均法	货主：上海销售分公司 库存组织：上海销售分公司

(2) 存货核算系统启用期间信息表，如表 7.3 所示。

表 7.3　存货核算系统启用期间信息表

启用系统	启用组织	启用年度	启用期间
存货核算系统	海天科技公司	2018	5
	销售公司	2018	5

(3) 初始存货数据,如表 7.4 所示。

表 7.4 初始存货数据信息表

核算体系	核算组织	物料名称	期初数量	期初金额
财务会计核算体系	海天科技公司	CPU	150	300 000
财务会计核算体系	海天科技公司	硬盘	200	112 000
财务会计核算体系	海天科技公司	电源	160	51 200
……				
财务会计核算体系	海天科技公司	主机	200	800 000

4. 实验指导

(1) 设置核算范围

信息管理员李颖登录金蝶 K/3 Cloud 主界面,执行【成本管理】—【存货核算】—【基础资料】—【核算范围】命令,进入存货核算范围页面,根据表 7.2 所给实验数据,设置海天电子科技总公司的核算范围,先把组织切换到“海天电子科技总公司”,单击【新增】按钮,进入核算范围设置新增页面。在“基本”标签下,核算范围编码输入“000001”,核算范围名称输入“海天电子科技总公司核算范围”,计价方法选择“加权平均法”,划分依据选择“货主+库存组织”。在“核算范围”标签中,货主名称选择“海天电子科技总公司”,库存组织选择“品牌电脑事业部、组装电脑事业部”。输入完毕后,单击【保存】【提交】【审核】,完成核算范围的设置工作,如图 7.5 所示。其他组织参照上述方法来设置。

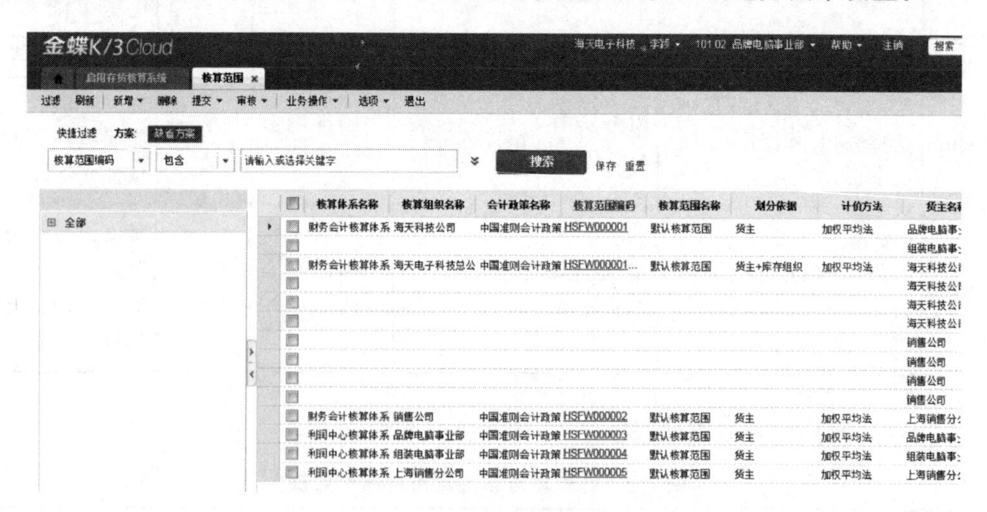

图 7.5 核算范围设置页面

(2) 启用存货核算系统

信息管理员李颖登录金蝶 K/3 Cloud 主界面,执行【成本管理】—【存货核算】—【初始化】—【启用存货核算系统】命令,进入启用存货核算系统页面,根据表 7.3 所给实验数据,勾选核算组织“海天电子科技总公司”,启用会计年度输入“2018”,启用会计期间输入

“5”,单击【启用】按钮,完成核算组织存货核算系统的启用,如图 7.6 所示。其他组织参照上述方法来设置。

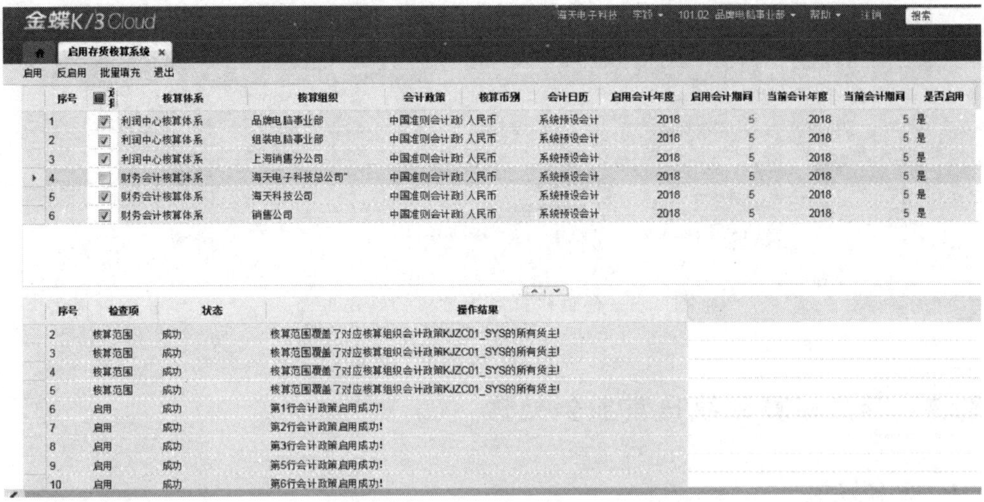

金蝶K/3 Cloud
启用存货核算系统
启用 反启用 批量填充 退出

序号	选择	核算体系	核算组织	会计政策	核算币别	会计日历	启用会计年度	启用会计期间	当前会计年度	当前会计期间	是否启用
1	✓	利润中心核算体系	品牌电脑事业部	中国准则会计政	人民币	系统预设会计	2018	5	2018	5	是
2	✓	利润中心核算体系	组装电脑事业部	中国准则会计政	人民币	系统预设会计	2018	5	2018	5	是
3	✓	利润中心核算体系	上海销售分公司	中国准则会计政	人民币	系统预设会计	2018	5	2018	5	是
4		财务会计核算体系	海天电子科技总公司"	中国准则会计政	人民币	系统预设会计	2018	5	2018	5	是
5	✓	财务会计核算体系	海天科技公司	中国准则会计政	人民币	系统预设会计	2018	5	2018	5	是
6	✓	财务会计核算体系	销售公司	中国准则会计政	人民币	系统预设会计	2018	5	2018	5	是

序号	检查项	状态	操作结果
2	核算范围	成功	核算范围覆盖了对应核算组织会计政策KJZC01_SYS的所有货主!
3	核算范围	成功	核算范围覆盖了对应核算组织会计政策KJZC01_SYS的所有货主!
4	核算范围	成功	核算范围覆盖了对应核算组织会计政策KJZC01_SYS的所有货主!
5	核算范围	成功	核算范围覆盖了对应核算组织会计政策KJZC01_SYS的所有货主!
6	启用	成功	第1行会计政策启用成功!
7	启用	成功	第2行会计政策启用成功!
8	启用	成功	第3行会计政策启用成功!
9	启用	成功	第5行会计政策启用成功!
10	启用	成功	第6行会计政策启用成功!

图 7.6 启用存货核算系统页面

(3) 初始核算数据录入

信息管理员李颖登录金蝶 K/3 Cloud 主界面,切换核算组织至“海天科技公司”,执行【成本管理】—【存货核算】—【初始化】—【初始核算数据录入】命令,进入初始核算数据录入页面,单击【新增】按钮,核算组织选择“海天科技公司”,会计政策选择“中国准则会计政策”,再执行【业务操作】—【获取库存期初数据】命令,根据表 7.4 所给实验数据输入各物料的期初余额,单击【保存】,完成公司初始核算数据的录入工作,如图 7.7 所示。

金蝶K/3 Cloud
初始核算数据录入 | 初始核算数据录入 - 修改
新增 保存 业务操作 前一 后一 选项 退出
核算体系 财务会计核算体系 | 核算组织 海天科技公司 | 会计政策 中国准则会计政策
单据编号 CSHS00000001 | 库存组织 品牌电脑事业部 | 仓库 原料仓
本位币 人民币

物料数据

序号	物料编码	物料名称	规格型号	批号	BOM版本	库存状态	基本单位	期初数量	期初单价	期初金额	零成本	仓库
4	01.004	内存条				可用	Pcs	200	¥200.000000	¥40,000.00		原料仓
5	01.005	机箱				可用	Pcs	100	¥300.000000	¥30,000.00		原料仓
6	01.006	主板				可用	Pcs	160	¥700.000000	¥112,000.00		原料仓
7	02.001	显示器				可用	台	120	¥450.000000	¥54,000.00		原料仓
8	02.002	显示器(可选装配)				可用	台	80	¥600.000000	¥48,000.00		原料仓
9	02.003	主机				可用	台	200	¥4,000.000000	¥800,000.00		原料仓
10	02.004	鼠标				可用	Pcs	270	¥50.000000	¥13,500.00		原料仓
11	02.005	键盘				可用	Pcs	50	¥100.000000	¥5,000.00		原料仓
12	02.006	键盘(可选装配)				可用	Pcs	70	¥300.000000	¥21,000.00		原料仓
13	03.001	品牌电脑				可用	台	80	¥5,500.000000	¥440,000.00		原料仓
14	03.002	组装电脑				可用	台	750	¥4,500.000000	¥3,375,000.00		原料仓
								2,590		5,401,700		

图 7.7 初始核算数据录入页面

(4) 结束初始化

信息管理员李颖登录金蝶 K/3 Cloud 主界面,执行【成本管理】—【存货核算】—【初始化】—【存货核算初始化】命令，进入存货核算初始化页面。勾选核算组织“销售公司”等组织，单击【结束初始化】按钮，完成存货核算系统初始化工作，如图 7.8 所示。

图 7.8 存货核算系统结束初始化页面

实验 3 存货核算系统日常业务处理

1. 业务场景

组装电脑事业部的简单生产组装业务需要领料，组装完毕后产品入库。

2. 操作人员

组装电脑事业部组会计杨静，组装电脑事业部仓管员孙佳。

3. 业务数据

（1）组装电脑事业部简单生产生成领料单信息。简单生产领料单是确定生产部门和仓储部门之间领料业务关系的书面凭证，是会计人员据以记账和核算产品成本的原始凭证。其生成方式有：简单生产领料单新增界面手动新增生成、简单入库单分录下推生成、简单生产领料单上拉物料清单或者简单生产入库单生成，如表 7.5 和表 7.6 所示。

表 7.5 简单生产领料单基本信息表

单据类型	日期	发料组织	货主类型	货主、生产组织	生产车间
简单生产领料	2018/05/01	组装电脑事业部	业务组织	组装电脑事业部	组装电脑事业部

表 7.6 简单生产领料单明细信息表

物料编码	物料名称	申请数量	实发数量	仓库	生产对象
01.001	CPU	25	25	组装电脑事业部原料仓	电脑
01.002	硬盘	25	25	组装电脑事业部原料仓	电脑
01.003	电源	25	25	组装电脑事业部原料仓	电脑
01.004	内存条	25	25	组装电脑事业部原料仓	电脑
……					
02.005	键盘	25	25	组装电脑事业部原料仓	电脑

(2) 组装电脑事业部简单生产入库信息,如表 7.7 所示。

表 7.7 简单生产入库单详细信息表

单据类型	简单生产入库	物料名称	电脑
日期	2018/5/1	入库类型	合格品入库
入库组织	组装电脑事业部	应收数量	25
生产组织	组装电脑事业部	仓库	组装电脑事业部成品仓
货主	组装电脑事业部	生产车间	组装电脑事业部车间

4. 实验指导

(1) 新增简单生产领料单

组装电脑事业部组会计杨静登录金蝶 K/3 Cloud 主界面,执行【供应链】—【库存管理】—【简单生产业务】—【简单生产领料单】命令,根据表 7.5、表 7.6 所给实验数据填入信息,单击【保存】【提交】【审核】。

(2) 新增简单入库单

组装电脑事业部组会计杨静登录金蝶 K/3 Cloud 主界面,执行【供应链】—【库存管理】—【简单生产业务】—【简单生产入库单】命令,根据表 7.7 所给实验数据填入信息,单击【保存】【提交】【审核】。

值得注意的是,简单生产入库单是处理生产订单的入库业务类型的库存单据,是确认生产车间和仓库货物出库的书面证明,是会计人员据以记账、核算成本的原始依据。

实验 4 组装拆卸

1. 业务场景

组装业务是指将多个零件组装成一个套件的作业过程,拆卸是指将销售退回不良品或不合格品拆卸成零部件的作业过程。

2. 操作人员

信息管理员李颖,组装电脑事业部会计杨静。

3. 业务数据

(1) 组装物料清单,如表 7.8、表 7.9 所示。

2018 年 5 月 9 日,组装电脑事业部接到销售订单,要求按组装电脑配件清单组装 60 台电脑,在 5 月 15 日之前完工入库。

表 7.8 组装物料清单

父项物料编码	父项物料名称	BOM 分类	单据类型	创建使用组织
03.002	组装电脑	标准 BOM	物料清单	组装电脑事业部

表 7.9 物料清单子项明细表

子项物料编码	子项物料名称	用量：分子	用量：分母	生效日期	发料方式
01.001	CPU	1	1	2018/5/1	直接领料
01.002	硬盘	2	1	2018/5/1	直接领料
01.003	电源	1	1	2018/5/1	直接领料
01.004	内存条	1	1	2018/5/1	直接领料
01.005	机箱	1	1	2018/5/1	直接领料
01.006	主板	1	1	2018/5/1	直接领料
02.002	显示器(可选装配)	1	1	2018/5/1	直接领料
02.004	鼠标	1	1	2018/5/1	直接领料
02.005	键盘	1	1	2018/5/1	直接领料

(2) 组装拆卸单(组装)

根据市场和客户的情况，组装电脑事业部将电脑主机和显示器、键盘等电脑配件打包出售，如表 7.10、表 7.11、表 7.12 所示。

表 7.10 组装拆卸单基本信息表

单据类型	库存组织	事务类型	日期
标准组装拆卸	组装电脑事业部	组装	2018/5/1

表 7.11 组装拆卸单成品信息表

物料编码	物料名称	数量	仓库	费用
03.002	组装电脑	60	成品仓	5 000

表 7.12 组装拆卸单子件信息表

物料编码	物料名称	数量	仓库	库存组织	组建序列号
01.001	CPU	60	原料仓	组装电脑事业部	XLH001-010
01.002	硬盘	120	原料仓	组装电脑事业部	XLH001-011
01.003	电源	60	原料仓	组装电脑事业部	XLH001-012
01.004	内存条	60	原料仓	组装电脑事业部	XLH001-013
01.005	机箱	60	原料仓	组装电脑事业部	XLH001-014
01.006	主板	60	原料仓	组装电脑事业部	XLH001-015
02.002	显示器(可选装配)	60	原料仓	组装电脑事业部	XLH001-016
02.004	鼠标	60	半成品仓	组装电脑事业部	XLH001-017
02.006	键盘(可选装配)	60	原料仓	组装电脑事业部	XLH001-018

（3）组装拆卸单（拆卸）

由于客户反馈情况需要做出销售调整，组装电脑事业部将原打包的机箱和电源套装进行拆卸，如表 7.13、表 7.14 和表 7.15 所示。

表 7.13　组装拆卸单基本信息表

单据类型	库存组织	事务类型	日　期
标准组装拆卸	组装电脑事业部	拆卸	2018/5/1

表 7.14　组织拆卸单成品信息表

物料编码	物料名称	数　量	仓　库
03.002	组装电脑	60	成品仓

表 7.15　组织拆卸单子件信息表

物料编码	物料名称	数　量	仓　库	组建序列号
01.005	机箱	60	成品仓	XLH001-014
01.003	电源	60	成品仓	XLH001-012

4. 实验指导

（1）新建组装物料清单

组装电脑事业部会计杨静在本组织下登录金蝶 K/3 Cloud 主界面，执行【供应链】—【库存管理】—【组装拆卸】—【组装 BOM 列表】命令，单击【新增】，新增一张物料清单，在“子项明细”标签中，输入表 7.8 所给实验数据，单击【保存】【提交】【审核】，如图 7.9 所示。

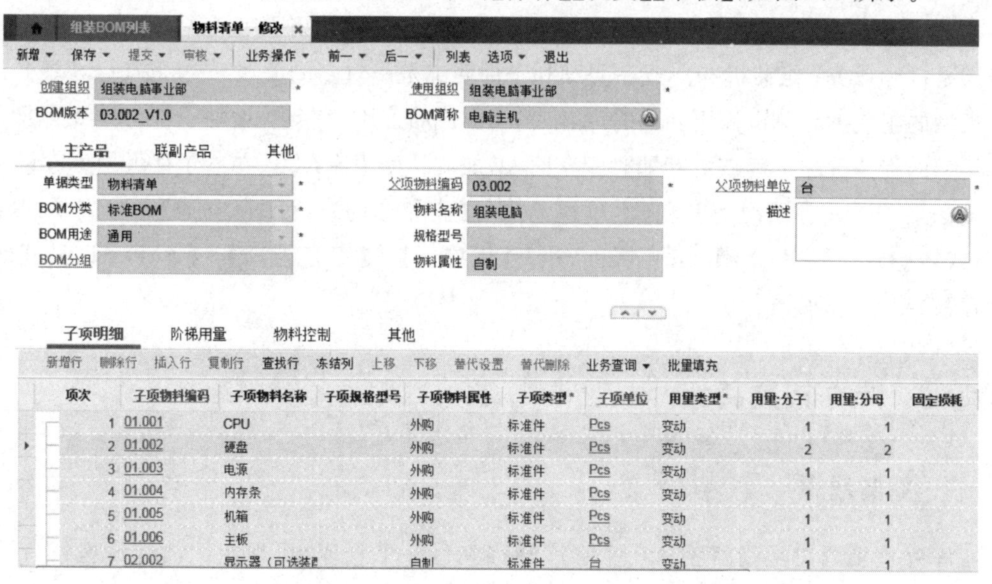

图 7.9　物料清单（BOM）新增页面

(2) 新增组装拆卸单(组装)

组装电脑事业部仓管员孙佳登录金蝶 K/3 Cloud 主界面,执行【供应链】—【库存管理】—【组装拆卸】—【组装拆卸单】命令,根据表 7.9、表 7.10、表 7.11、表 7.12 所给实验数据填入信息,在“子项明细”标签中,输入上述所给实验数据,单击【保存】【提交】【审核】,如图 7.10 所示。

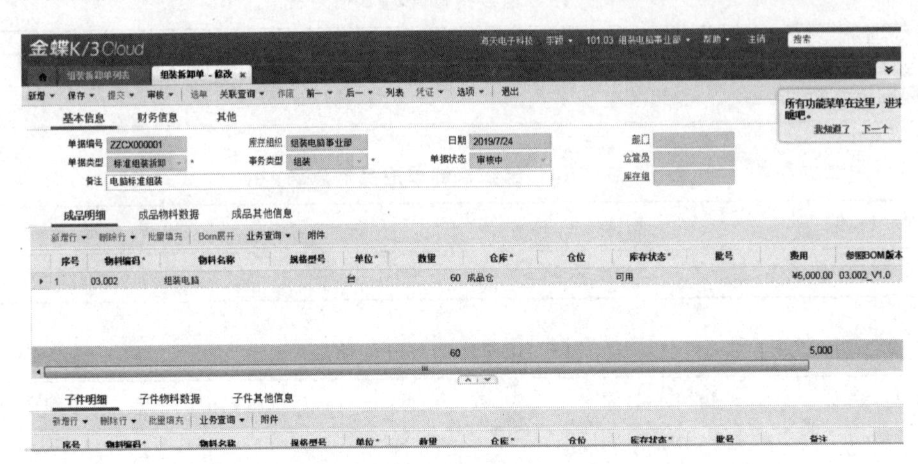

图 7.10　组装拆卸单新增页面

于页面下方在选择子件序列号时,需要在【子件序列号】标签中单击【选择 S/N】按钮,在弹出的【选择序列号】窗口选择对应的序列号。

(3) 新增组装拆卸单(拆卸)

组装电脑事业部仓管员孙佳登录金蝶 K/3 Cloud 主界面,执行【供应链】—【库存管理】—【组装拆卸】—【组装拆卸单】命令,根据表 7.13、表 7.14、表 7.15 所给实验数据填入信息,单击【保存】【提交】【审核】。

值得注意的是,在软件操作时,组装拆卸单根据页面“事务类型”字段来区分是组装业务还是拆卸业务;组装拆卸单成品明细和子件明细是一对多的关系,支持按 BOM 展开;拆卸类型的组装拆卸单审核更新即时库存时,扣减成品可用库存量、增加子件可用库存量;组装类型的组装拆卸单审核更新即时库存时,增加成品可用库存量、扣减子件可用库存量。

如要查看库存情况,需要在本单据上执行【业务查询】—【库存查询】命令查看即时库存,或者登录金蝶 K/3 Cloud 主界面,执行【供应链】—【库存管理】—【库存查询】—【即时库存】命令来查询。

实验 5　库存直接调拨

1. 业务场景

库存直接调拨是指货物从一个仓库转移到另一个仓库,可在组织内部调拨或者跨组织调拨。

2. 操作人员

品牌电脑事业部会计丁武。

3. 业务数据

2018 年 5 月 5 日，品牌电脑事业部仓管王莉申请，从半成品仓调拨 10 台显示器，20 个键盘到组装电脑事业部。

表 7.16　直接调拨单信息表

单据类型	标准直接调拨单	调入货主	组装电脑事业部
调拨方向	普通	调入货主类型	业务组织
调拨类型	跨组织调拨	物料编码	02.001、02.005
调出库存组织	品牌电脑事业部	物料名称	显示器、键盘
调出货主类型	业务组织	调拨数量	10 台显示器、20 个键盘
调出货主	品牌电脑事业部	调出仓库	品牌电脑事业部原料仓
调入库存组织	组装电脑事业部	调入仓库	组装电脑事业部原料仓

4. 实验指导

品牌电脑事业部仓管员登录金蝶 K/3 Cloud 主界面，执行【供应链】—【库存管理】—【库存调拨】—【直接调拨】命令，根据表 7.16 所给实验数据录入相关信息，单击【保存】【提交】【审核】，如图 7.11 所示。

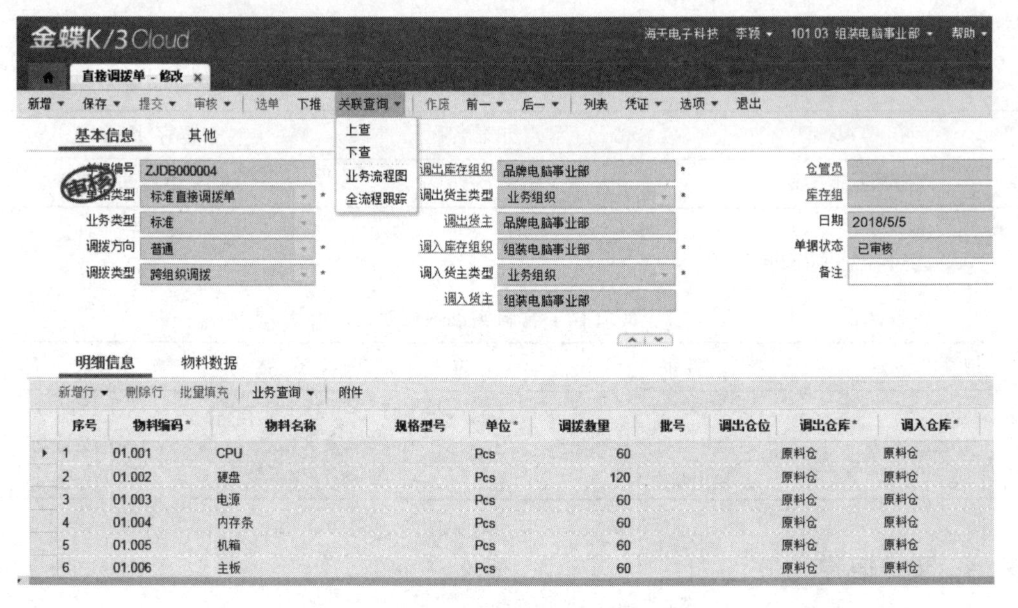

图 7.11　跨组织直接调拨单新增页面

值得注意的是，调拨类型只有选择跨组织调拨后，才支持跨组织调拨；库存管理维度有库存组织、物料及物料批号、保质期等，仓库、仓位、库存状态，货主及保管者，需要在实际操作时予以录入完整，保证信息的正确；直接调拨单审核更新即时库存时，扣减调出方可用库存量，增加调入方可用库存量；本实验主要讲解直接调拨，如果调拨双方地理位置远、运输周期长，且需要对货物进行在途管理，则金蝶 K/3 Cloud 系统还提供了分步式调出和分步式调入来处理该类业务，这里不再赘述。

如要查看库存情况，需要在本单据上执行【业务查询】—【库存查询】命令查看即时库存，或者登录金蝶 K/3 Cloud 主界面，执行【供应链】—【库存管理】—【库存查询】—【即时库存】命令来查询。

实验 6 库存盘点

1. 业务场景

仓管员对所有仓库、所有物料进行盘点，本例以部分库存物料为例，以了解账存，实存数。

2. 操作人员

组装电脑事业部的仓管员孙佳。

3. 业务数据

(1) 2018 年 5 月 25 日，公司要求进行库存盘点，现拟定一份盘点方案如表 7.17、表 7.18 所示。

表 7.17 库存盘点方案表

单据类型	盘点方案名称	库存组织
标准盘点方案	物料盘点	组装电脑事业部

(2) 物料盘点数据

表 7.18 物料实盘数据表

物料编码	物料名称	单位	盘点数量	所属仓库
02.001	显示器	台	101	半成品仓
02.005	键盘	个	2 020	半成品仓
03.002	组装电脑	台	60	成品仓

4. 实验指导

(1) 新增库存盘点方案

组装电脑事业部的仓管员孙佳登录金蝶 K/3 Cloud 主界面，执行【供应链】—【库存管理】—【定期盘点】—【盘点方案】命令，根据表 7.17 所给实验数据新增盘点方案，单击【保存】【提交】【审核】，如图 7.12 所示。

图 7.12　新增盘点方案页面

值得注意的是，盘点方案是按库存组织来指定的，支持盘点范围的条件输入；盘点方案审核生成物料盘点作业；盘点方案反审核会删除物料盘点作业，一旦完成盘点(物料盘点作业审核)，则盘点方案会自动关闭；盘点方案审核自动生成物料盘点作业。在单据上单击【查询物料盘点作业】按钮可联查物料盘点作业。

(2) 物料盘点作业录入

组装电脑事业部的仓管员孙佳登录金蝶 K/3 Cloud 主界面，执行【供应链】—【库存管理】—【定期盘点】—【物料盘点作业列表】命令，打开上面生成的物料盘点作业单，根据表 7.18 所给实验数据录入实际的盘点数量后，单击【保存】【提交】【审核】，如图 7.13 所示。

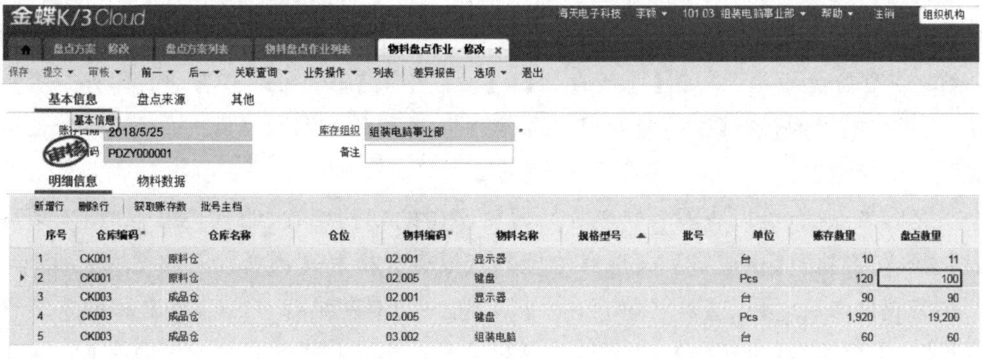

图 7.13　物料盘点作业页面

值得注意的是，物料盘点作业支持引入引出。先从系统引出需要盘点的数据，实际盘点完成后在 Excle 中录入盘点数量后再引入，有利于提高录入效率；物料盘点作业单审核不更新及时库存，由审核后生成的盘盈盘亏单来调整账存数。

(3) 盘盈盘亏单据处理

组装电脑事业部的仓管员孙佳登录金蝶 K/3 Cloud 主界面，执行【供应链】—【库存管理】—【定期盘点】—【盘亏单列表】命令，查询找到对应的盘亏单，单击【保存】【提交】【审核】，如图 7.14 所示。

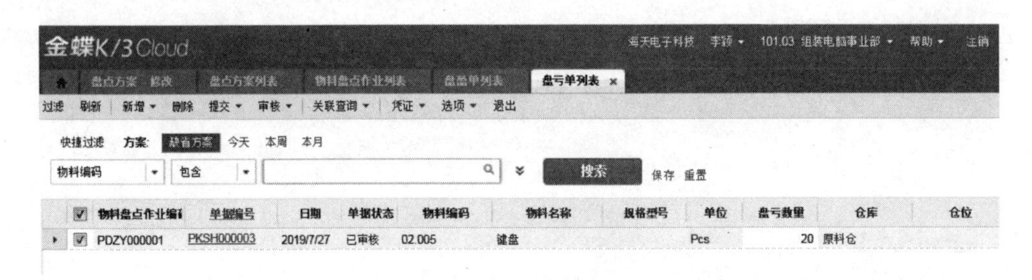

图 7.14　盘亏单查询页面

组装电脑事业部的仓管员孙佳登录金蝶 K/3 Cloud 主界面，执行【供应链】—【库存管理】—【定期盘点】—【盘盈单列表】命令，查询找到对应的盘盈单，单击【保存】【提交】【审核】，如图 7.15 所示。

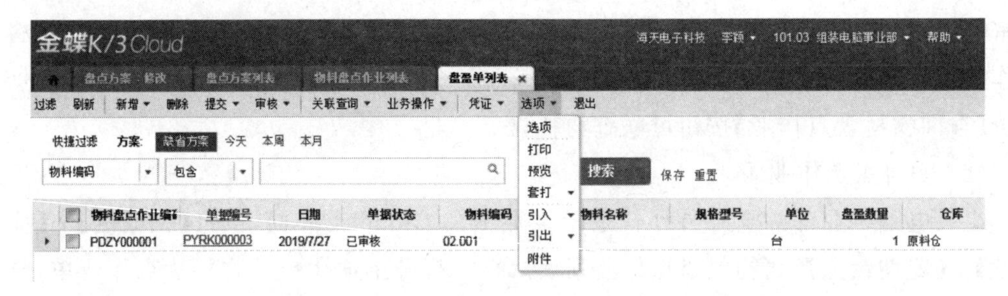

图 7.15　盘盈单查询页面

值得注意的是，由物料盘点作业生成的盘盈盘亏单系统会自动审核，且不能反审核；审核的盘盈盘亏单更新即时库存来调整账存，使得调整后的账存数量和实际库存数量保持一致；在盘盈盘亏单上单击【业务查询】—【库存查询】命令可以查看即时库存是否更新正确，或者在主界面执行【供应链】—【库存管理】—【库存查询】—【即时库存】命令也可以查询即时库存情况。

在完成盘点后，可以查看各物料在一段时间内的期初结存、收入，发出和期末结存的明细数据，需要执行【供应链】—【库存管理】—【报表分析】—【物料收发明细表】命令。

在完成盘点后，可以查看各物料在一段时间内的期初结存、收入，发出和期末结存的汇总数据，需要执行【供应链】—【库存管理】—【报表分析】—【物料收发汇总表】命令。

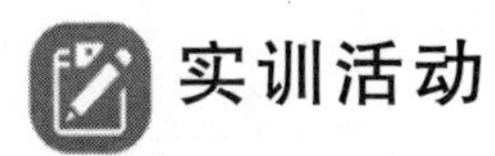

实训活动

活动要求

◆ 在安装有金蝶 K/3 Cloud 软件的实验室,恢复第六章的数据中心数据。

◆ 了解实验案例库存管理业务系统的参数设置和初始化等操作。

◆ 了解实验案例库存管理业务系统日常业务处理的流程和基本操作。

活动内容

◆ 进行实验模拟——库存管理业务处理。

◆ 实验 1 供应链初始化设置及录入期初数据。

◆ 实验 2 存货核算系统初始化。

◆ 实验 3 存货核算系统日常业务处理。

◆ 实验 4 组装拆卸。

◆ 实验 5 库存直接调拨。

◆ 实验 6 库存盘点。

活动评价

通过实训,结合教学大纲要求的教学时数,统计第七章的学习进度、熟练程度以及学习质量来做出评价。

本章小结

本章要重点了解库存管理业务系统包括仓库管理、日常的物料流转业务和库存控制三大部分,是通过入库业务、出库业务、调拨业务、组装拆卸业务和库存调整等功能,结合批号保质期管理、库存盘点、即时库存管理等功能综合运用的管理系统。它与其他系统连接,为企业提供准确的库存信息。

思考题

1. 金蝶 K/3 Cloud 库存管理的业务主要包括哪三大部分?

2. 在库存管理系统中,在简单生产环境下,什么是处理生产部门和仓储部门之间领料业务关系的书面凭证,是财务人员据以记账、核算成本的重要原始凭证?

3. 什么是库存管理系统中的组装和拆卸业务? 如何操作?

4. 什么是库存管理系统中的组织内调拨? 如何操作?

5. 通常库存管理系统维度包括哪些部分?

6. 对所有仓库、所有物料进行盘点,一般经历哪些操作步骤?

第八章

采购管理业务系统

学习目标

- 了解海天电子科技有限公司的采购管理业务系统。
- 掌握金蝶 K/3 Cloud 软件之采购价格管理、货源管理和配额采购、集中采购的具体操作。

8.1 采购管理系统概述

采购管理是在正确的时间、以合适的价格、恰当的数量和良好的质量采购原材料、服务和设备。在大多数企业中，采购物料和服务的成本都大大超过劳动力或其他成本，所以改进采购职能可以长久地控制成本。

金蝶 K/3 Cloud 采购管理系统是通过采购申请、采购订货、采购收料入库、采购退料等功能综合运用的管理系统，对采购业务全过程进行有效的控制和跟踪，实现完善的企业采购业务管理。采购管理系统与销售管理系统、库存管理系统连接，是企业内部重要的供应链。对于制造企业而言，采购管理的主要业务活动有采购需求管理、采购计划、订货管理、供应商管理等，其中订货管理是采购管理的核心业务，也是最基础的业务。

8.2　采购管理系统总体流程图

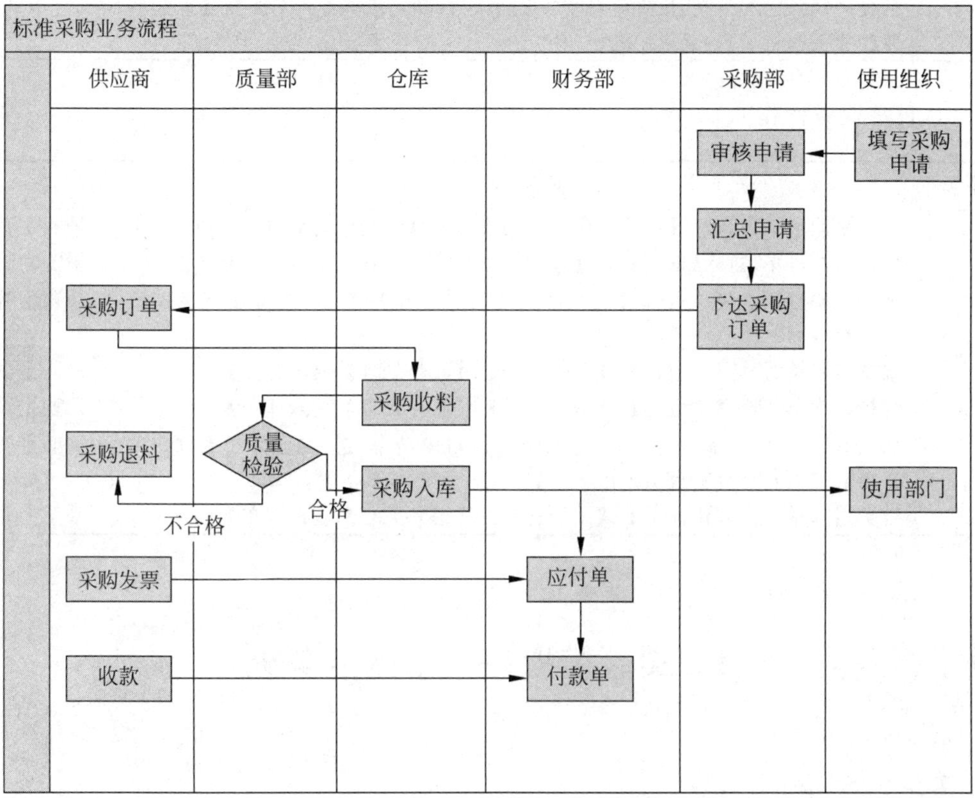

图 8.1　采购管理系统总体流程图

8.3　采购管理系统业务操作流程

1. 基础数据设置

序号	业务操作	责任人
1	进入【基础管理】—【基础资料】中公共的基础档案，包括：组织信息、工作日历、地址信息、部门、员工、计量单位、货币、汇率、物料、供应商、费用项目等	采购主管
2	进入【基础管理】—【基础资料】中设置采购参数	采购主管
3	进入【供应链】—【采购管理】—【货源管理】设置采购货源数据，包括供应商、价目表、折扣表、采购目录等	采购主管
4	进入【财务会计】—【应付款管理】—【基础资料】中设置付款条件	采购主管
5	进入【供应链】—【采购管理】—【基础资料】设置采购条款	采购主管

2. 设置期初数据

序号	业 务 操 作	责 任 人
1	系统启用时，如存在已经下单给供应商，但还未完成收货的采购订单，可以在系统中录入已经下达还未完成收货的采购订单；进入【供应链】—【采购管理】—【采购订单】—录入“采购订单”	采购主管

3. 日常业务操作

序号	业 务 操 作	责 任 人
1	维护采购申请单，进入【供应链】—【采购管理】—【采购申请】—【采购申请单】	采购主管
2	维护采购订单，进入【供应链】—【采购管理】—【订单处理】—【采购订单】	采购主管
3	维护采购订单变更单，进入【供应链】—【采购管理】—【订单处理】—【采购订单变更单】	采购主管
4	维护收料单，进入【供应链】—【采购管理】—【收料处理】—【收料单】	采购主管
5	维护入库单，进入【供应链】—【采购管理】—【收料处理】—【入库单】	采购主管
6	如果有退料业务，需进行退料申请，维护退料申请单，进入【供应链】—【采购管理】—【退料处理】—【退料申请单】	采购主管
7	维护退库单，进入【供应链】—【采购管理】—【退料处理】—【退库单】	采购主管

8.4 实验模拟——采购业务处理

本章实验包括：

实验 1　采购价格管理

实验 2　货源管理和配额采购

实验 3　集中采购

实验 1　采购价格管理

1. 业务场景

对物料采购的价格管理体系进行设置。

2. 操作人员

由组装电脑事业部会计杨静进行价格资料设置。

3. 业务数据

(1) 组装电脑事业部根据采购管理制度要求，现拟定了一份采购价目表(采购组织：

组装电脑事业部，币别：人民币；价格为含税价），如表8.1所示。

表8.1　采购价目表

物料编码	物料名称	计价单位	单价(含税)
01.001	CPU	个	1 800
01.002	硬盘	个	600
01.003	电源	套	2 500
01.004	内存条	个	190
01.005	机箱	个	400
01.006	主板	个	700
02.001	显示器	台	2 000
02.002	显示器(可选装配)	台	1600
02.006	键盘(可选装配)	个	300

(2) 由于市场供求因素，经常会发生定期询价的行为，组装电脑事业部接到部分商品采购调价的通知，如表8.2所示。

表8.2　采购调价表

调价类型	价目表	物料	物料名称	计价单位	调前单价	调后单价	调价幅度(%)
定期询价	CGJM000001	01.001	CPU	个	1800	1620	−10
定期询价	CGJM000001	01.002	硬盘	个	600	660	10

(3) 供应商同时给出了部分商品的数量折扣条件，如表8.3所示。

表8.3　采购折扣表

物料	物料名称	单位	从	至	折扣依据	计算方式	折扣率(%)
01.001	CPU	个	10	200	数量折扣	折扣率	5
01.002	硬盘	个	10	200	数量折扣	折扣率	5
01.003	电源	套	10	200	数量折扣	折扣率	5
01.004	内存条	个	10	200	数量折扣	折扣率	5
01.005	机箱	个	10	200	数量折扣	折扣率	5
01.006	主板	个	10	200	数量折扣	折扣率	5

4. 实验指导

(1) 新建采购价目表

组装电脑事业部会计杨静登录金蝶K/3 Cloud主界面，执行【供应链】—【采购管理】—【货源管理】—【采购价目表】命令，单击【新增】，进入采购价目表新增页面，根据表8.1所给实验数据录入相关资料，单击【保存】【提交】【审核】，如图8.2所示。

值得注意的是，采购价目表有组织属性，只有创建组织或者价目表为不同组织间信息共享后的目标组织才可以使用采购价目表；在采购单据上面应用价目表时，采购单据

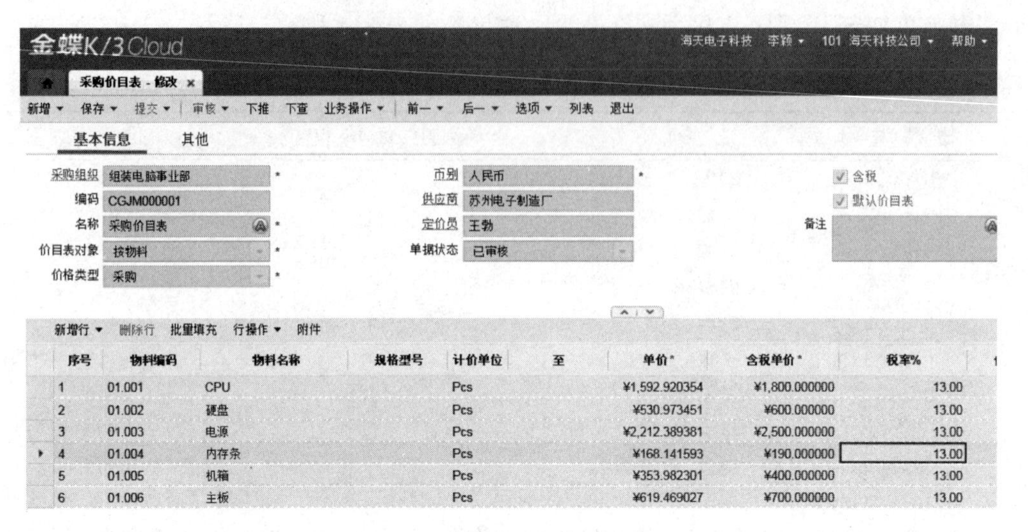

图 8.2 新增采购价目表页面

的业务类型必须要与价目表的价格类型相匹配；若采购参数需要控制采购限价，则可以在采购价目表上指定物料的价格上下限；价目表的时效性是通过生效日期和失效日期来控制的；采购价目表会检验唯一有效性，即在同一张价目表上，物料、辅助资料、数量区间等定价维度完全一样的情况下，在同一个时间区间内，只允许有一个价格。

(2) 由采购价目表下推采购调价表

组装电脑事业部会计杨静登录金蝶 K/3 Cloud 主界面，执行【供应链】—【采购管理】—【货源管理】—【采购价目表】—【选单】命令，选择采购价目表 8.1 资料，选好需要调价的物料，生成采购调价表 8.2，还可以手动新增录入价格信息。

(3) 采购价目表下推生成采购折扣表

组装电脑事业部会计杨静登录金蝶 K/3 Cloud 主界面，执行【供应链】—【采购管理】—【货源管理】—【采购价目表列表】命令，单击【下推】按钮，选择采购价目表 8.1 资料，下推生成采购折扣表 8.3。

值得注意的是，与采购价目表一样，采购折扣表也有组织属性，只有创建组织或者折扣表为不同组织间信息共享后的目标组织才可以使用采购折扣表；采购折扣表用“从”“至”来代表区间；“折扣依据”分为数量和金额两种形式；“折扣方向”为正向时是表示优惠折扣，反向时表示加价；采购折扣表也有时效性。

实验 2 货源管理和配额采购

1. 业务场景

在采购业务中，需要进行采购渠道管理时需要设置货源清单，包括采购配额管理、供应商采购许可的管理等。

2. 操作人员

组装电脑事业部会计杨静、组装电脑事业部仓管员孙佳和组装电脑事业部采购员顾峻。2018 年 5 月 1 日，组装电脑事业部仓管员孙佳发现电脑核心部件 CPU 发生短缺，发出采购申请，新增采购申请单；组装电脑事业部采购员顾峻进行配额下单，计算完成后生成订单，对采购订单进行价格设置，选择价目表，并保存审核。

组装电脑事业部仓管员孙佳收到苏州电子制造厂发来的 60 个 CPU，但在验货时发现有 3 个 CPU 和合同要求的质量不符，随即进行退货补货处理，孙佳根据收货通知单下推退料单；其余的 57 个 CPU 顺利通过质检并入库，根据收料单下推入库单；孙佳退货后，收到苏州电子制造厂发来的补货(3 个 CPU)，根据原采购订单下推收料单，再次对其进行质检，合格后入库，下推入库单。

3. 业务数据

(1) 货源清单

采购组织组装电脑事业部，货源清单详细情况见表 8.4 所示。

表 8.4　采购货源清单

物料编号	名称	供应类别	供应商	生效日	配额比例(%)	配额顺序	固定供应商
01.001	CPU	采购	苏州电子制造厂	2018/5/1	50	1	
01.001	CPU	采购	惠州电子加工厂	2018/5/1	50	1	

(2) 采购申请单

采购组织组装电脑事业部，采购申请单详细情况见表 8.5 所示。

表 8.5　采购申请单

需求组织	采购组织	物料编号	名称	单位	数量	到货日期
组装电脑事业部	组装电脑事业部	01.001	CPU	个	100	2018/5/1

(3) 采购订单

供应商：苏州电子制造厂、惠州电子加工厂，配额下单生成的采购订单详细情况见表 8.6 所示。

表 8.6　采购订单

物料编号	名称	单位	数量	供应商	收料组织	需求组织	结束组织
01.001	CPU	个	60	苏州电子制造厂	组装电脑事业部	组装电脑事业部	组装电脑事业部
01.001	CPU	个	40	惠州电子加工厂	组装电脑事业部	组装电脑事业部	组装电脑事业部

4. 实验指导

(1) 查看物料上货源相关设置

组装电脑事业部会计杨静登录金蝶 K/3 Cloud 主界面，选择组织为组装电脑事业部,执行【基础管理】—【基础资料】—【物料列表】命令,选择物料“CPU”,单击【采购】按钮,进入采购页面,勾选配额管理,配额方式选择“固定比例”。

值得注意的是,货源控制的物料,只能向在货源清单上标明的供应商采购;只有进行了配额管理的物料才能进行配额下单。

(2)货源清单新增

组装电脑事业部会计杨静登录金蝶 K/3 Cloud 主界面,选择采购组织为“组装电脑事业部”,执行【供应链】—【采购管理】—【货源管理】—【货源清单】命令,进入货源清单新增页面,根据表 8.4 所给出的实验数据录入,单击【保存】。

(3)采购申请单新增

组装电脑事业部仓管员孙佳登录金蝶 K/3 Cloud 主界面,选择采购组织为“组装电脑事业部”,执行【供应链】—【采购管理】—【采购申请】命令,进入采购申请新增页面,根据表 8.5 所给出的实验数据录入,单击【保存】【提交】【审核】。

(4)进行配额下单

组装电脑事业部采购员顾峻登录金蝶 K/3 Cloud 主界面,执行【供应链】—【采购管理】—【订单处理】—【配额下单】命令,单击页面左上方【选单】按钮,选择需要进行配额下单的采购申请单并返回。继续单击左上方【配额计算】按钮,查看计算结果并选择后下单,完毕后,单击【生成订单】按钮。

(5)生成采购订单

组装电脑事业部采购员顾峻登录金蝶 K/3 Cloud 主界面,执行【供应链】—【采购管理】—【订单处理】—【采购订单列表】命令,生成的采购订单在此列表中,进入采购订单设置价目表查看,完毕后,单击【保存】【提交】【审核】。

(6)生成收料通知单

组装电脑事业部仓管员孙佳收到苏州电子制造厂发来的 60 个 CPU,根据采购订单下推收料通知单。执行【供应链】—【采购管理】—【订单处理】—【采购订单列表】命令,单击【下推】按钮,生成收料通知单,完毕后,单击【保存】【提交】【审核】。

(7)生成退料单

组装电脑事业部仓管员孙佳,在验货时发现有 3 个 CPU 和合同要求的质量不符,随即进行退货补货处理,根据收货通知单下推退料单。执行【供应链】—【采购管理】—【收料处理】—【收料通知单列表】命令,选择上面生成的采购收料单后单击【下推】按钮,生成采购退料单,修改实退数量、补货数量为 3,单击【保存】【提交】【审核】。

(8)生成入库单

由于总共从苏州电子制造厂采购的 60 个 CPU 中,其余 57 个是合格的,于是要做入库的处理,组装电脑事业部仓管员孙佳根据收料通知单下推入库单。执行【供应链】—【采购管理】—【收料处理】—【收料通知单列表】命令,选择上面生成的采购收料单后,单击【下推】按钮,生成采购入库单,完毕后,单击【保存】【提交】【审核】。

(9) 生成收料单

组装电脑事业部仓管员孙佳收到苏州电子制造厂退货后补货的3个CPU，根据原采购订单下推收料单。执行【供应链】—【采购管理】—【订单处理】—【采购订单列表】命令，选择相关采购订单后，下推生成收料通知单，完毕后，单击【保存】【提交】【审核】。

(10) 生成采购入库单

组装电脑事业部仓管员孙佳收到苏州电子制造厂退货后补货的3个CPU，质检合格入库，由上面生成的收料单下推生成入库单。执行【供应链】—【采购管理】—【收料处理】—【收料通知单列表】命令，选择上面生成的采购收料单后，单击【下推】按钮，生成采购入库单，完毕后，单击【保存】【提交】【审核】。

(11) 生成采购应付单

组装电脑事业部会计杨静根据上面生成的两张入库单合并生成应付单。执行【供应链】—【采购管理】—【收料处理】—【采购入库单列表】命令，选择上面的两张入库单，合并下推生成采购应付单，完毕后，单击【保存】【提交】【审核】。

实验3　集中采购

1. 业务场景

集中采购业务由相关的多个组织共同来完成采购业务，体现多组织之间的业务协同，主要包括提出申请、订单、收料入库和结算四个步骤。

2. 操作人员

品牌电脑事业部仓管员王莉、组装电脑事业部仓管员孙佳进行集中采购管理。

3. 业务数据

(1) 2018年5月6日，收到品牌电脑事业部和组装电脑事业部发来的采购申请（申请组织：品牌电脑事业部和组装电脑事业部，采购组织：海天科技公司，收货组织：品牌电脑事业部和组装电脑事业部），详细信息如表8.7和表8.8所示。

表8.7　采购申请单信息

需求组织	采购组织	收货组织	物料编号	名称	单位	数量
品牌电脑事业部	海天科技公司	品牌电脑事业部	01.002	硬盘	个	30
组装电脑事业部	海天科技公司	组装电脑事业部	02.006	键盘	个	40

(2) 收料组织:品牌电脑事业部和组装电脑事业部

表 8.8 采购入库单信息

物料编号	名称	单位	应收数量	实收数量	收料组织	仓　库	库存状态
01.002	硬盘	个	30	30	品牌电脑事业部	品牌原料仓	可用
02.006	键盘	个	40	40	组装电脑事业部	组装原料仓	可用

4. 实验指导

(1) 新增采购申请单

品牌电脑事业部仓管员王莉登录金蝶 K/3 Cloud 主界面,在上方组织选择“品牌电脑事业部”,执行【供应链】—【采购管理】—【采购申请单】命令,进入采购申请新增页面,根据表 8.7 所给出的实验数据录入,完毕后,单击【保存】【提交】【审核】。

组装电脑事业部仓管员孙佳登录金蝶 K/3 Cloud 主界面,在上方组织选择“组装电脑事业部”,执行【供应链】—【采购管理】—【采购申请单】命令,进入采购申请新增页面,根据表 8.7 所给出的实验数据录入,完毕后,单击【保存】【提交】【审核】。

(2) 生成采购订单

海天科技公司采购华蓝登录金蝶 K/3 Cloud 主界面,在上方组织选择“海天科技公司”,执行【供应链】—【采购管理】—【采购申请单列表】命令,查询上述由品牌电脑事业部和组装电脑事业部提交的采购申请单,合并下推生成采购订单,供应商选择“苏州电子制造厂”,同时在“财务信息”标签下选择价目表和折扣表,完毕后,单击【保存】【提交】【审核】。

(3) 下推生成采购入库单

品牌电脑事业部仓管员王莉登录金蝶 K/3 Cloud 主界面,执行【供应链】—【采购管理】—【订单处理】—【采购订单列表】命令,选择相应采购订单,下推生成采购入库单。

组装电脑事业部仓管员孙佳登录金蝶 K/3 Cloud 主界面,执行【供应链】—【采购管理】—【订单处理】—【采购订单列表】命令,选择相应采购订单,下推生成采购入库单。

值得注意的是,采购订单上已经指定好了收货组织,只能由这些被指定了的收货组织收货;采购物料可以分批入库,同一收货组织下的不同仓库,可以合并为一张收料单收料;入库单必须指定仓库以及库存状态,且入库单会更新即时库存信息。

(4) 下推生成采购应付单

海天科技公司会计李杰登录金蝶 K/3 Cloud 主界面,执行【供应链】—【采购管理】—【收料处理】—【采购入库单列表】命令,选择相应采购入库单,下推生成采购应付单,完毕后,单击【保存】【提交】【审核】。

实训活动

活动要求

◆ 在安装有金蝶 K/3 Cloud 软件的实验室，恢复第七章的数据中心数据。

◆ 了解实验案例采购管理业务系统的参数设置和初始化等操作。

◆ 了解实验案例采购管理业务系统日常业务处理的流程和基本操作。

活动内容

◆ 进行实验模拟——采购管理业务处理。

◆ 实验 1　采购价格管理。

◆ 实验 2　货源管理和配额采购。

◆ 实验 3　集中采购。

活动评价

通过实训，结合教学大纲要求的教学时数，统计第八章的学习进度、熟练程度以及学习质量来做出评价。

本章小结

本章要重点了解采购管理业务系统，包括下单、收料和退料三大部分。采购管理业务系统实现了对采购商流和物流的全过程的有效控制与跟踪，与企业计划管理系统、生产管理系统集成建立产供销一体化，与应付管理系统、资金管理系统连接，为企业提供准确的采购管理信息。

思考题

1. 一个完整的采购管理系统基本业务流程，包括哪六个环节或者步骤？
2. 采购管理系统中进行采购价格管理一般包括哪些内容？
3. 如何进行货源管理及配额采购的操作？
4. 集中采购在操作中一般包括哪些步骤？如何操作？

第九章 销售管理业务系统

学习目标

- 了解海天电子科技有限公司的销售管理业务系统。
- 掌握金蝶 K/3 Cloud 软件之销售价格管理、一般销售业务、寄售业务、集中销售业务的具体操作。

9.1 销售管理系统概述

销售活动是企业所有经营活动的起点，对企业的技术、生产、财务、人事等各项管理都有决定性的作用。销售管理系统是对销售报价、销售订货、仓库发货、销售退货处理、客户管理、价格及折扣管理、订单管理、信用管理等功能综合运用的管理系统，通过对销售全过程进行有效控制和跟踪，实现缩短产品交货期、降低成本、提升企业经济效益的目标。

9.2　销售管理系统总体流程图

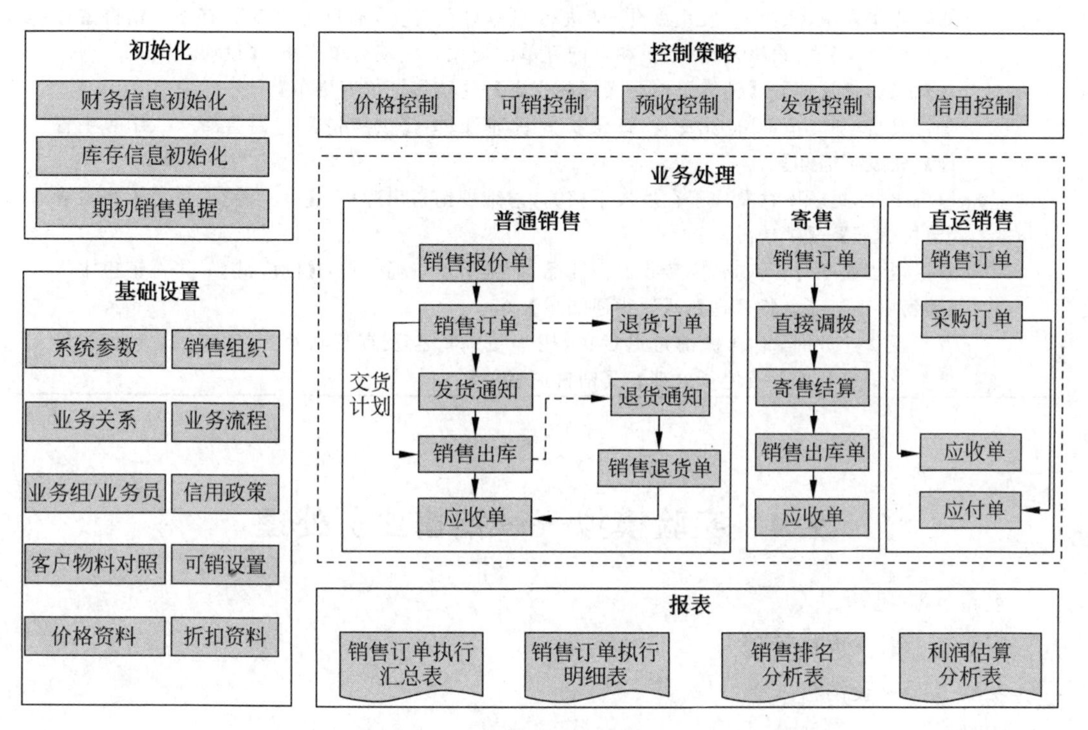

图 9.1　销售管理系统总体流程图

9.3　销售管理系统业务操作流程

1. 基础数据设置

序号	业务操作	责任人
1	进入【基础管理】—【基础资料】中公共的基础档案，包括：物料、客户、收款条件、销售员、销售组等。	销售主管
2	进入【基础管理】—【基础资料】中设置销售系统参数、设置单据类型参数。	销售主管
3	进入【供应链】—【销售管理】—【基础资料】设置业务资料：客户物料对照表、可销控制、销售价目表、折扣表等。	销售主管
4	进入【财务会计】—【应收款管理】—【基础资料】中设置收款条件。	采购主管

2. 日常业务操作

序号	业务操作	责任人
1	维护销售订单:【供应链】—【销售管理】—【订单处理】—【销售订单】	销售主管
2	如果订单在执行过程中发生变化,请进行销售订单变更,通过订单变更有利于订单流程的跟踪,以及记录和查询订单的变化。实现订单变更:【供应链】—【销售管理】—【销售订单】—【订单变更】—【销售订单变更单】	销售主管
3	安排发货、通知仓库准备发货,请维护发货通知单:【供应链】—【销售管理】—【发货通知】	销售主管
4	销售出库,更新库存及用于存货成本核算,请维护销售出库单:【供应链】—【销售管理】—【销售出库】	销售主管
5	发生退货业务时,通知仓库接收退回商品,请维护退货通知单:【供应链】—【销售管理】—【退货处理】—【退货通知单】	销售主管
6	发生退货业务时,请维护销售退货单,用于更新库存及存货核算:【供应链】—【销售管理】—【退货处理】—【销售退货单】	销售主管

9.4 实验模拟——销售业务处理

本章实验包括:

实验 1 销售价格管理

实验 2 一般销售业务

实验 3 寄售业务

实验 4 集中销售业务

实验 1 销售价格管理

1. 业务场景

为了保证产品的销售利润率,销售公司提出对所有商品进行价格管控,建议统一的销售价目表、销售调价方案和销售折扣表。

2. 操作人员

由信息管理员李颖负责设置。

3. 业务数据

(1) 销售价目表,如表 9.1 所示。

表 9.1　销售价目表信息

序号	物料名称	计划单位	结算币别	价格(含税)	生效日
1	品牌电脑	台	人民币	12 000	2018/5/1
2	组装电脑	台	人民币	7 000	2018/5/1

(2) 销售调价方案信息,如表 9.2 所示。

表 9.2　销售调价方案信息表

调价物料范围(从)	调价物料范围(至)	调价类型	调价方法	调价幅度
品牌电脑	组装电脑	单价	百分比	6.00

(3) 销售折扣方案信息,如表 9.3 所示。

表 9.3　销售折扣方案信息表

序号	物料名称	折扣类型	折扣依据	从	至	计算方式	折扣率(%)
1	组装电脑	折扣	数量折扣	10	50	折扣率	6
2	组装电脑	折扣	数量折扣	50	100	折扣率	10

4. 实验指导

(1) 新增销售价目表

信息管理员李颖登录金蝶 K/3 Cloud 主界面,执行【供应链】—【销售管理】—【价格管理】—【销售价目表】命令,进入销售价目表页面,单击【新增】按钮,打开销售价目表新增页面,根据表 9.1 所给出的实验数据录入,完毕后,单击【保存】【提交】【审核】。

(2) 新增销售调价方案

信息管理员李颖登录金蝶 K/3 Cloud 主界面,执行【供应链】—【销售管理】—【价格管理】—【销售调价方案】命令,进入销售调价方案页面,单击【新增】按钮,打开销售调价方案新增页面,根据表 9.2 所给出的实验数据录入,完毕后,单击【保存】【提交】【审核】。

(3) 新增销售折扣表

信息管理员李颖登录金蝶 K/3 Cloud 主界面,执行【供应链】—【销售管理】—【价格管理】—【销售折扣表】命令,进入销售折扣表页面,单击【新增】按钮,打开销售折扣表新增页面,根据表 9.3 所给出的实验数据录入,完毕后,单击【保存】【提交】【审核】。

实验 2　一般销售业务

1. 业务场景

公司日常经营活动中发生的销售商品行为,是从销售订单、销售出库、销售退货到确认应收账款的过程。

2. 操作人员

销售公司销售员马钧负责维护管理销售订单、发货通知单和退货通知单；销售公司仓管员史伟负责维护管理销售出库单和销售退货单；销售公司会计张娜负责维护管理销售应收单。

3. 业务数据

(1) 销售报价单，如表 9.4 所示。

2018 年 5 月 2 日销售公司销售员马钧接到公司客户上海清文电器有限公司的订单，该公司欲采购 25 台品牌电脑，马钧向上海清文电器有限公司发出销售报价单，税率 17%。

表 9.4 销售报价单信息

单据类型	标准销售报价单	销售组织	销售公司
生效日	2018/5/2	失效日	2020/5/2
客户	上海清文电器有限公司	销售	马钧
物料编码	03.001	物料名称	品牌电脑
单位	台	数量	25
单价	采用实验 1 销售价目表	折扣	采用实验 1 销售价目表

(2) 销售订单，如表 9.5 所示。

2018 年 5 月 3 日销售公司销售员马钧就本次销售的采购价格和采购折扣(实验 1)与公司客户上海清文电器有限公司达成一致，马钧根据销售报价单下推生成销售订单，再根据销售订单下推生成发货通知单。

表 9.5 销售订单信息

单据类型	标准销售订单	销售组织	销售公司
生效日	2018/5/3	要货日期	2018/5/31
客户	上海清文电器有限公司	销售	马钧
物料编码	03.001	物料名称	品牌电脑
单位	台	数量	25
单价	采用实验 1 销售价目表	折扣	采用实验 1 销售价目表

(3) 销售出库单，如表 9.6 所示。

2018 年 5 月 5 日销售公司仓管员史伟按照马钧发出的发货通知单进行销售产品出库，根据发货通知单生成销售出库单。

表 9.6 销售出库单信息

单据类型	标准销售出库单	发货组织	销售公司
日期	2018/5/5	结算币别	人民币
销售组织	销售公司	销售	马钧

续表

物料编码	03.001	物料名称	品牌电脑
单位	台	应发数量	25
实发数量	25	仓库	销售公司成品库

（4）销售应收单，如表 9.7 所示。

2018 年 5 月 6 日销售公司会计张娜根据销售公司仓管员史伟发出的销售出库单生成销售应收单。

表 9.7　销售应收单信息

单据类型	标准应收单	核算组织	销售公司
业务日期	2018/5/6	收款组织	销售公司
到期日	2018/5/31	销售组织	销售公司
客户	上海清文电器有限公司	物料名称	品牌电脑
计价单位	台	计价数量	25
物料编码	03.001	物料名称	品牌电脑
价税合计	301 115.12	费用承担部门	科技公司财务部

（5）退货通知单，如表 9.8 所示。

2018 年 5 月 12 日，公司客户上海清文电器有限公司质检员在验货时发现有 4 台品牌电脑主机无法启动，发出退货 4 台品牌电脑的要求，销售公司销售员马钧经确认新增退货通知单。

表 9.8　退货通知单信息

单据类型	标准退货通知单	退货客户	上海清文电器有限公司
库存组织	销售公司成品库	结算币别	人民币
日期	2018/5/12	销售	马钧
物料编码	03.001	物料名称	品牌电脑
单位	台	数量	4
退货日期	2018/5/12	退货类型	退货

（6）销售退货单，如表 9.9 所示。

2018 年 5 月 13 日，销售公司仓管员史伟收到客户上海清文电器有限公司退货产品后，根据销售公司销售员马钧生成的退货通知单生成销售退货单。

表 9.9　销售退货单信息

单据类型	标准销售退货单	退货客户	上海清文电器有限公司
库存组织	销售公司	结算币别	人民币
日期	2018/5/13	销售	马钧
物料编码	03.001	物料名称	品牌电脑
单位	台	应退数量	4
实退数量	4	退货类型	退货

(7) 销售应收单,如表 9.10 所示。

2018 年 5 月 16 日,销售公司会计张娜根据销售公司仓管员史伟的销售出库单生成应收单。

表 9.10 销售应收单信息

单据类型	标准应收单	核算组织	销售公司
业务日期	2018/5/16	收款组织	销售公司
到日期	2018/5/31	销售组织	销售公司
客户	上海清文电器有限公司	结束币别	品牌电脑
物料名称	品牌电脑	计价单位	台
计价数量	−4	价税合计	−48 178.42

4. 实验指导

(1) 新增销售报价单

2018 年 5 月 2 日,销售公司销售员马钧登录金蝶 K/3 Cloud 主界面,执行【供应链】—【销售管理】—【报价】—【销售报价单】命令,进入销售报价单页面,单击【新增】按钮,进入销售报价单新增页面,根据表 9.4 所给出的实验数据录入,完毕后,单击【保存】【提交】【审核】。

(2) 新增销售订单

2018 年 5 月 3 日,销售公司销售员马钧登录金蝶 K/3 Cloud 主界面,执行【供应链】—【销售管理】—【订单处理】—【销售订单】命令,进入销售订单页面,单击【选单】按钮,进入销售订单选单页面,选择上面销售报价单,见表 9.5 所示,生成销售订单,完毕后,单击【保存】【提交】【审核】。

2018 年 5 月 3 日,销售公司销售员马钧根据上面生成的销售订单,单击页面上方【下推】按钮,生成发货通知单。

(3) 新增销售出库单

2018 年 5 月 5 日销售公司仓管员史伟登录金蝶 K/3 Cloud 主界面,执行【供应链】—【销售管理】—【出货处理】—【销售出库单】命令,进入销售出库单页面,单击【选单】按钮,进入销售出库单选单页面,选择上面的发货通知单,见表 9.6 所示,生成销售出库单,完毕后,单击【保存】【提交】【审核】。

(4) 新增销售应收单

2018 年 5 月 6 日销售公司会计张娜登录金蝶 K/3 Cloud 主界面,执行【财务会计】—【应收款管理】—【销售应收】—【应收单快速新增】命令,进入应收单快速新增页面,选择上面销售出库单,见表 9.7 所示,单击【下推】按钮,生成销售应收单,完毕后,单击【保存】【提交】【审核】。

（5）新增退货通知单

2018年5月12日，销售公司销售员马钧登录金蝶K/3 Cloud主界面，执行【供应链】—【销售管理】—【退货处理】—【退货通知单】命令，进入退货通知单页面，单击【新增】按钮，进入退货通知单新增页面，单击【选单】按钮，进入退货通知单选单页面，选择上面的销售出库单，见表9.8所示，生成退货通知单，完毕后，单击【保存】【提交】【审核】。

（6）新增销售退货单

2018年5月13日，销售公司仓管员史伟登录金蝶K/3 Cloud主界面，执行【供应链】—【销售管理】—【退货处理】—【销售退货单】命令，进入销售退货单页面，单击【选单】按钮，进入销售退货单选单页面，选择上面的退货通知单，见表9.9所示，生成销售退货单，完毕后，单击【保存】【提交】【审核】。

（7）新增销售应收单

2018年5月16日，销售公司会计张娜登录金蝶K/3 Cloud主界面，执行【财务会计】—【应收款管理】—【销售应收】—【应收单】命令，进入应收单页面，单击【选单】按钮，打开应收单选单页面，选择上面销售退货单，见表9.10所示，生成销售应收单，完毕后，单击【保存】【提交】【审核】。

实验3　寄售业务

1. 业务场景

寄售业务是企业将产品委托给其他经销商来代替自己销售，然后根据代销情况和经销商进行结算。

2. 操作人员

销售公司销售员马钧负责维护管理销售订单、发货通知单和寄售结算单和销售出库单；销售公司仓管员史伟负责维护管理直接调拨单；销售公司会计张娜负责维护管理销售应收单。

3. 业务数据

（1）新增销售订单，如表9.11所示。

2018年5月5日，销售公司销售员马钧收到寄售客户江苏电子设备有限公司订货单，江苏电子设备有限公司欲采购本公司30台组装电脑，马钧根据寄售客户要求新增销售订单。

表 9.11 销售订单信息

单据类型	寄售销售订单	销售组织	销售公司
客户	江苏电子设备有限公司	销售员	马钧
物料编码	人民币	日期	2018/5/5
物料编码	03.002	物料名称	组装电脑
单位	台	数量	30
单价(含税)	采用实验 1 销售价目表	折扣	无

(2) 新增发货通知单,如表 9.12 所示。

2018 年 5 月 7 日,销售公司销售员马钧根据销售订单下推生成销售发货通知单。

表 9.12 发货通知单信息

单据类型	寄售发货通知单	客户	江苏电子设备有限公司
发货组织	销售公司	日期	2018/5/7
结算币别	人民币	销售组织	销售公司
物料编码	03.002	物料名称	组装电脑
单位	台	应发数量	30
要货日期	2018/5/20	仓库	销售公司成品库

(3) 新增直接调拨单,如表 9.13 所示。

2018 年 5 月 8 日,销售公司仓管员史伟根据发货通知单向江苏电子设备有限公司发货,制作直接调拨单发货到对方仓库,生成直接调拨单。

表 9.13 直接调拨单信息

单据类型	寄售直接调拨单	调出库存组织	销售公司
业务类型	寄售	调出货主	销售公司
调拨方向	普通	调出货主类型	业务组织
调拨类型	组织内调拨	调入库存组织	销售公司
销售组织	销售公司	日期	2018/5/8
结算组织	销售公司	调入货主类型	业务组织
物料编码	03.002	调入货主	江苏电子设备有限公司
单位	台	结算币别	人民币
要货日期	2018/5/20	调出仓库	销售公司成品仓
调入仓库	销售客户仓	调入货主	江苏电子设备有限公司

(4) 新增寄售结算单,如表 9.14 所示。

2018 年 5 月 9 日,销售公司销售员马钧根据直接调拨单生成寄售结算单。

表 9.14 寄售结算单信息

单据类型	寄售结算单	客户	江苏电子设备有限公司
日期	2018/5/9	结算币别	人民币
发货组织	销售公司	销售员	马钧
结算类型	发出	物料编码	03.002
物料名称	组装电脑	单位	台
结算数量	30	计价数量	30

(5) 新增寄售出库单,如表 9.15 所示。

2018 年 5 月 10 日,销售公司仓管员史伟根据寄售结算单进行销售出库,生成寄售出库单。

表 9.15 寄售出库单信息

单据类型	寄售出库单	客户	江苏电子设备有限公司
发货组织	销售公司	日期	2018/5/10
结算币别	人民币	销售组织	销售公司
物料编码	03.002	物料名称	组装电脑
单位	台	应发数量	30
实发数量	30	仓库	销售客户仓

(6) 新增销售应收单,如表 9.16 所示。

2018 年 5 月 11 日,销售公司会计张娜根据寄售结算单生成应收单。

表 9.16 销售应收单信息

单据类型	标准应收单	核算组织	销售公司
业务日期	2018/5/11	收款组织	销售公司
到期日	2018/5/20	销售组织	销售公司
客户	江苏电子设备有限公司	结算币别	人民币
物料名称	品牌电脑	计价单位	台
计价数量	30	价税合计	结出

4. 实验指导

(1) 新增销售订单

2018 年 5 月 5 日,销售公司销售员马钧登录金蝶 K/3 Cloud 主界面,执行【供应链】—【销售管理】—【订单处理】—【销售订单】命令,进入销售订单页面,单击【新增】按钮,进入销售订单新增页面,根据表 9.11 所给出的实验数据录入,生成销售订单,完毕后,单击【保存】【提交】【审核】。

(2) 新增发货通知单

2018 年 5 月 7 日销售公司销售员马钧登录金蝶 K/3 Cloud 主界面,执行【供应链】—【销售管理】—【出货处理】—【发货通知单】命令,进入发货通知单页面,单击【选单】按钮,进入发货通知单选单页面,选择上面的销售订单,见表 9.12 所示,生成发货通知单,完毕后,单击【保存】【提交】【审核】。

(3) 新增直接调拨单

2018 年 5 月 8 日,销售公司仓管员史伟登录金蝶 K/3 Cloud 主界面,执行【供应链】—【库存管理】—【库存调拨】—【直接调拨单】命令,进入直接调拨单页面,单击【选单】按钮,进入直接调拨单页面,选择上面的发货通知单,见表 9.13 所示,生成直接调拨单,完毕后,单击【保存】【提交】【审核】。

（4）新增寄售结算单

2018 年 5 月 9 日，销售公司销售员马钧登录金蝶 K/3 Cloud 主界面，执行【供应链】—【销售管理】—【寄售】—【寄售结算单】命令，进入寄售结算单页面，单击【选单】的【发出选单】按钮，选择上面的直接调拨单，根据表 9.14 所示，把匹配发货标签页中的结算数量和计价数量修改为 30，生成寄售计算单，完毕后，单击【保存】【提交】【审核】。

（5）新增寄售出库单

2018 年 5 月 10 日，销售公司仓管员史伟登录金蝶 K/3 Cloud 主界面，执行【供应链】—【销售管理】—【出货处理】—【销售出库单】命令，进入销售出库单页面，单击【选单】按钮，进入销售出库单选单页面，选择上面的寄售计算单，见表 9.15 所示，生成寄售出库单，完毕后，单击【保存】【提交】【审核】。

（6）新增销售应收单

2018 年 5 月 11 日，销售公司会计张娜登录金蝶 K/3 Cloud 主界面，执行【财务会计】—【应收款管理】—【销售应收】—【应收单列表】命令，进入应收单列表页面，单击【新增】按钮，打开应收单新增页面，单击【选单】按钮，选择上面寄售计算单，见表 9.16 所示，生成销售应收单，完毕后，单击【保存】【提交】【审核】。

实验 4 集中销售业务

1. 业务场景

销售业务涉及多组织进行销售、发货、结算等业务行为。例如，由销售公司向客户销售商品，由组装电脑事业部进行产品发货，则销售公司先与客户进行集中结算，再与组装电脑事业部进行组织间内部结算。

2. 操作人员

销售公司销售员马钧新增销售订单，销售订单上的库存组织选择组装电脑事业部，并下推生成发货通知单；组装电脑事业部仓管员孙佳根据发货通知单下推生成销售出库单；销售公司会计张娜根据销售出库单下推生成销售应收单，组装电脑事业部会计杨静进行组织间结算。

3. 业务数据

（1）销售订单，如表 9.17 所示。

2018 年 5 月 7 日，销售公司销售员马钧接到客户深圳惠慕电器有限公司购货订单，深圳惠慕电器有限公司欲向本公司采购 50 台组装电脑，马钧根据客户购买意向新增销售订单。

表 9.17 销售订单信息

单据类型	标准销售订单	销售组织	销售公司
客户	深圳惠慕电器有限公司	销售员	马钧
结算币别	人民币	日期	2018/5/7
物料编码	03.002	物料名称	组装电脑
单位	台	数量	50
单价(含税)	采用实验 1 销售价目表	税率	17%
要货日期	2018/5/15	库存组织	组装电脑事业部
结算组织	销售公司	货主	组装电脑事业部

(2) 发货通知单,如表 9.18 所示。

2018 年 5 月 9 日,销售公司销售员马钧根据上面的销售订单下推生成销售发货通知单。

表 9.18 发货通知单信息

单据类型	标准发货通知单	客户	深圳惠慕电器有限公司
发货组织	组装电脑事业部	日期	2018/5/9
结算币别	人民币	销售组织	销售公司
物料编码	03.002	物料名称	组装电脑
单位	台	应发数量	50
要货日期	2018/5/15		

(3) 销售出库单,如表 9.19 所示。

2018 年 5 月 10 日,组装电脑事业部仓管员孙佳根据发货通知单进行销售出库,并生成销售出库单。

表 9.19 销售出库单信息

单据类型	标准销售出库单	发货组织	组织电脑事业部
日期	2018/5/10	结算币别	人民币
销售组织	销售公司	销售	马钧
物料编码	03.002	物料名称	组装电脑
单位	台	应发数量	50
实发数量	50	仓库	组装电脑事业部成品库

(4) 销售应收单,如表 9.20 所示。

2018 年 5 月 14 日,销售公司会计张娜根据组装电脑事业部仓管员孙佳的销售出库单下推生成销售应收单。

表 9.20 销售应收单信息

单据类型	标准应收单	核算组织	销售公司
业务日期	2018/5/14	收款组织	销售公司
到期日	2018/5/31	销售组织	销售公司

续表

客户	深圳惠慕电器有限公司	结算币别	人民币
物料名称	组装电脑	计价单位	台
计价数量	50	价税合计	结出

（5）组织间结算

2018 年 5 月 15 日，由于销售公司与组装电脑事业部是两个独立的核算组织，在销售业务发生后，需要进行组织间结算，结算的依据是组织间结算清单。

4. 实验指导

（1）新增销售订单

2018 年 5 月 7 日，销售公司销售员马钧登录金蝶 K/3 Cloud 主界面，执行【供应链】—【销售管理】—【订单处理】—【销售订单】命令，进入销售订单页面，单击【新增】按钮，进入销售订单新增页面，根据表 9.17 所给出的实验数据录入，生成销售订单，完毕后，单击【保存】【提交】【审核】。

录入时，特别注意销售组织和结算组织都填写销售公司，库存组织和货主都填写组装电脑事业部。

（2）发货通知单

2018 年 5 月 9 日，销售公司销售员马钧登录金蝶 K/3 Cloud 主界面，执行【供应链】—【销售管理】—【出货处理】—【发货通知单】命令，进入发货通知单页面，单击【选单】按钮，进入发货通知单选单页面，选择上面的销售订单，见表 9.18 所示，生成发货通知单，完毕后，单击【保存】【提交】【审核】。

（3）新增销售出库单

2018 年 5 月 10 日，组装电脑事业部仓管员孙佳登录金蝶 K/3 Cloud 主界面，执行【供应链】—【销售管理】—【出货处理】—【销售出库单】命令，进入销售出库单页面，单击【选单】按钮，进入销售出库单选单页面，选择上面的发货通知单，见表 9.19 所示，生成销售出库单，完毕后，单击【保存】【提交】【审核】。

（4）新增销售应收单

2018 年 5 月 14 日，销售公司会计张娜登录金蝶 K/3 Cloud 主界面，执行【财务会计】—【应收款管理】—【销售应收】—【应收单】命令，进入应收单页面，单击【选单】按钮，打开应收单选单页面，选择上面销售出库单，见表 9.20 所示，生成销售应收单，完毕后，单击【保存】【提交】【审核】。

（5）组织间结算

2018 年 5 月 15 日，组装电脑事业部会计杨静登录金蝶 K/3 Cloud 主界面，选择组织“组装电脑事业部”，执行【供应链】—【组织间结算】—【结算清单】—【创建结算清单】命令，进入创建结算清单页面。在“组织间结算范围”标签下，选择会计核算体系为“财务会计核算体系”,核算组织名称为“组装电脑事业部”,“结算业务时间选择”标签下,起始时间为“2018/5/7”,截止时间为“2018/5/31”,“结算目标选择”标签下,勾选“创建应收结算清单-物料”和“创建应付结算清单—物料”。

单击【下一步】按钮,进入参数设置页面,勾选“结算业务对方组织自动生成结算清单”“有结算价格的应收结算清单自动审核”“审核结算应收清单联动审核应付结算清单”。

单击【下一步】按钮,进入结算取价来源页面。该页面选择需要更改的跨组织业务进行取价来源的修改,跨组织采购的取价来源选择“结算价目表”,跨组织销售的取价来源选择“结算价目表”。

单击【下一步】按钮,系统自动跳过创建定时结算页面,自动进入结算中间结果页面,并开始提取数据,创建“组装电脑事业部”核算组织下的结算数据。创建完毕后,系统内部会显示出内部结算的相关结果。

单击【下一步】,系统会显示“创建结算清单成功”的提示。

组装电脑事业部向销售公司收取结算货款时,是依据结算清单产生的应收账款,因此需要组装电脑事业部会计记录应收单。

组装电脑事业部会计杨静登录金蝶 K/3 Cloud 主界面,选择组织为“组装电脑事业部”,执行【财务会计】—【销售应收】—【应收单】命令,单击【新增】按钮,进入应收单新增页面,单击【选单】按钮,选择相应的应收单结算清单,单击【确定】,并根据实验数据录入相关信息,完毕后,单击【保存】【提交】【审核】。

销售公司会计根据与组装电脑事业部之间的组织间结算清单,生成应付账款记录,以便在到期时进行内部货款结算。

销售公司会计张娜登录金蝶 K/3 Cloud 主界面,选择组织为“销售公司”,执行【财务会计】—【应付款管理】—【采购应付】—【应付单】命令,单击【新增】按钮,进入应付单新增页面,单击【选单】按钮,选择相应的应付单结算清单,单击【确定】,并根据实验数据录入相关信息,完毕后,单击【保存】【提交】【审核】。

实训活动

活动要求

- 在安装有金蝶 K/3 Cloud 软件的实验室,恢复第八章的数据中心数据。
- 了解实验案例销售管理业务系统的参数设置和初始化等操作。
- 了解实验案例销售管理业务系统日常业务处理的流程和基本操作。

活动内容

- 进行实验模拟——销售管理业务处理。
- 实验 1 销售价格管理。

◆ 实验 2　一般销售业务。
◆ 实验 3　寄售业务。
◆ 实验 4　集中销售业务。

活动评价

通过实训，结合教学大纲要求的教学时数，统计第九章的学习进度、熟练程度以及学习质量来做出评价。

本章小结

本章要重点了解销售管理业务系统是以满足客户需求为起点而展开的，通过对销售订货、商品发货、货款应收的全过程进行有效控制和跟踪，以达到缩短产品交货期、降低成本的功效。系统主要涉及基础设置、订单管理、销售出库和销售退回四个方面，与信用管理系统、库存管理系统和应收款系统结合，力争企业销售目标的实现。

思考题

1. 销售管理系统主要对哪些环节进行全过程的有效控制和跟踪？
2. 销售价格管理对企业的销售利润极为重要，其主要包括哪些内容？
3. 一般销售业务要经历哪些步骤？如何操作？
4. 寄售业务要经历哪些步骤？如何操作？
5. 集中销售业务要经历哪些步骤？如何操作？

第十章

存货成本核算系统

学习目标

- 了解海天电子科技有限公司的存货成本核算系统。
- 掌握金蝶 K/3 Cloud 软件之采购入库核算、出库成本核算、关账与结账的具体操作。

10.1 存货成本核算系统概述

存货核算是对存货价值的计量，将在各业务系统流转的存货进行统一核算，并通过会计凭证，将存货价值反映到财务会计报表中。

10.2 存货成本核算系统总体流程图

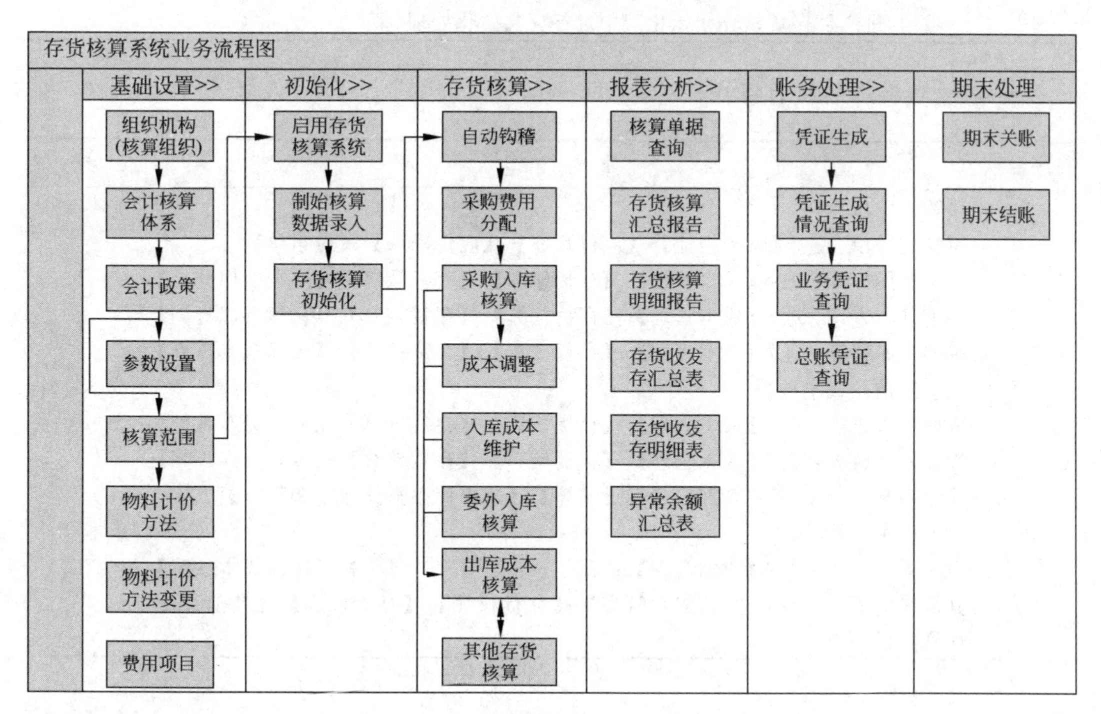

图 10.1　存货成本核算系统总体流程图

10.3 存货成本核算系统业务操作流程

1. 基础设置

序号	业务操作	责任人
1	设置组织机构(核算组织),进入【基础管理】—【系统管理】—【组织机构】—【组织机构列表】—【新增组织机构】;会计政策,进入【基础管理】—【基础资料】	成本会计
2	设置核算范围、物料计价方法、系统参数及费用项目,进入【成本管理】—【存货核算】—【基础资料】—【核算范围】【物料计价方法】【费用项目】等	成本会计
3	设置存货核算系统参数,进入【成本管理】—【存货核算】—【参数设置】—【存货核算系统参数】	成本会计

2. 系统初始化设置

序号	业务操作	责任人
1	启用存货核算系统,进入【成本管理】—【存货核算】—【初始化】—启用【存货核算系统】	成本会计
2	初始核算数据录入(存在期初库存时才需维护)进入【成本管理】—【存货核算】存货核算—【初始化】—【初始核算数据录入】	成本会计
3	存货核算初始化进入【成本管理】—【存货核算】—【初始化】—【存货核算初始化】,初始化后,初始核算数据是不能再维护的,若需修改初始核算数据,进入【"存货核算初始化"】中进行反初始化处理	成本会计

3. 日常业务存货核算操作

序号	业务操作	责任人
1	采购入库核算 审核应付单:进入【财务会计】—【应付管理】—【应付确认】—【应付单】 采购费用分配:进入【成本管理】—【存货核算】—【存货核算】—【采购费用分配】 钩稽日志查询:进入【成本管理】—【存货核算】—【存货核算】—【钩稽日志查询】 采购入库核算:进入【成本管理】—【存货核算】—【存货核算】—【入库成本核算】	成本会计
2	成本暂估及成本调整 入库成本维护:进入【成本管理】—【存货核算】—【存货核算】—【入库成本维护】 委外入库核算:进入【成本管理】—【存货核算】—【存货核算】—【委外入库核算】 成本调整:进入【成本管理】—【存货核算】—【成本调整】—【成本调整单】	成本会计
3	出库成本核算 出库成本核算:进入【成本管理】—【存货核算】—【存货核算】—【出库成本核算】 其他存货成本核算:进入【成本管理】—【存货核算】—【存货核算】—【其他存货核算】	成本会计

4. 报表分析

序号	业务操作	责任人
1	核算单据查询：进入【成本管理】—【存货核算】—【报表分析】—【核算单据查询】	成本会计
2	存货核算汇总报告：进入【成本管理】—【存货核算】—【报表分析】—【存货核算汇总报告】 存货核算明细报告：进入【成本管理】—【存货核算】—【报表分析】—【存货核算明细报告】	成本会计
3	存货收发存汇总报告：进入【成本管理】—【存货核算】—【报表分析】—【存货收发存汇总报告】 存货收发存明细报告：进入【成本管理】—【存货核算】—【报表分析】—【存货收发存明细报告】	成本会计
4	异常余额汇总表：进入【成本管理】—【存货核算】—【报表分析】—【异常余额汇总表】	成本会计

5. 账务处理

序号	业务操作	责任人
1	业务凭证生成：进入【成本管理】—【存货核算】—【财务处理】—【业务凭证生成】	成本会计
2	账务处理 业务凭证查询：进入【成本管理】—【存货核算】—【财务处理】—【业务凭证查询】	成本会计

6. 期末处理

序号	业务操作	责任人
1	期末关账：进入【成本管理】—【存货核算】—【期末处理】—【期末关账】	成本会计
2	期末结账：进入【成本管理】—【存货核算】—【期末处理】—【期末结账】	成本会计

10.4　实验模拟——存货核算处理

本章实验包括：

实验1　采购入库核算

实验2　出库成本核算

实验3　存货核算系统关账与结账

实验1　采购入库核算

1. 业务场景

采购入库核算是指将企业日常经营活动中采购物料或商品所发生的所有费用（购买

物料的价款、运杂费、装卸费、保险费、相关税费等)按照会计核算方法计入对应物料或商品的入库成本。

2. 操作人员

组装电脑事业部会计杨静和组装电脑事业部仓管员孙佳。

3. 业务数据

(1) 采购费用应付单,如表 10.1 所示。

2018 年 5 月 1 日,组装电脑事业部向供应商汕头电子零部件有限公司一个批次采购机箱 20 个和显示器 20 台,发生运杂费 1 000 元。

表 10.1 运费应付单信息

单据类型	费用应付单	费用项目编码	默认
业务日期	2018/5/1	费用项目	运费
到期日	2018/5/2	计价数量	1.00
供应商	汕头电子零部件有限公司	含税单价	1 000
结算组织、付款组织、采购组织	组装电脑事业部	税率	13%

(2) 采购费用分配单。

将上述采购费用在机箱和显示器单据之间进行分配。

(3) 下推采购入库单,如表 10.2 所示。

组装电脑事业部仓管员孙佳根据上述采购订单下推生成采购入库单。

表 10.2 采购入库单信息

单据类型	标准采购入库	供应商	销售公司
业务类型	标准采购	物料编码	01.005、02.002
入库日期	2018/5/3	物料名称	机箱、显示器
收料组织	组装电脑事业部	应收数量	机箱 20 个、显示器 20 台
需求组织	组装电脑事业部	实收数量	机箱 20 个、显示器 20 台
采购组织	组装电脑事业部	仓库	组装电脑事业部原料仓

(4) 入库成本维护

组装电脑事业部会计杨静对商品入库成本进行维护,2018 年 5 月 1 日入库的机箱单价 2 000 元/个,显示器 4 000 元/台。

(5) 采购入库核算,如表 10.3 所示。

组装电脑事业部会计杨静进行采购入库核算。

表 10.3 采购入库核算组织设置信息

核算体系编码	01	核算体系名称	法人核算体系
核算组织编码	1.06	核算组织名称	组装电脑事业部
会计政策编码	默认	会计政策名称	中国准则会计政策

4. 实验指导

(1) 新增采购费用应付单

组装电脑事业部会计杨静登录金蝶 K/3 Cloud 主界面，执行【财务会计】—【应付款管理】—【采购应付】—【付款单】命令，单击【新增】按钮，进入付款单新增页面，根据表 10.1 所给出的实验数据录入，完毕后，单击【保存】【提交】【审核】。

(2) 采购费用分配

组装电脑事业部会计杨静登录金蝶 K/3 Cloud 主界面，执行【成本管理】—【存货核算】—【存货核算】—【采购费用分配】命令，单击页面上方的【应付单】按钮，在弹出的"列表过滤"对话框中，选择可选组织为"组装电脑事业部"，单击【确定】按钮。

单击页面上方的【库存单据】按钮，在弹出的"列表过滤"对话框中，选择可选组织为"组装电脑事业部"，单击【确定】按钮。

勾选过滤后的应付单和库存单据，单击页面上方的【分配】按钮，页面下方选择物料为"机箱"和"显示器"，系统会自动进行采购费用的分配并提示分配成功。

(3) 下推采购入库单

组装电脑事业部仓管员孙佳登录金蝶 K/3 Cloud 主界面，执行【供应链】—【采购管理】—【订单处理】—【采购订单列表】命令，根据表 10.2 所给实验数据，在【采购订单列表】中选择"机箱"和"显示器"的采购订单，然后单击【下推】按钮。

在弹出的"选择单据"对话框中，选择"采购入库单"，单击【确定】按钮。

在下推生成的采购入库单中录入仓库为"组装电脑事业部原料仓"，完毕后，单击【保存】【提交】【审核】。

(4) 入库成本维护

组装电脑事业部会计杨静登录金蝶 K/3 Cloud 主界面，执行【成本管理】—【存货核算】—【存货核算】—【入库成本维护】命令，在弹出的"入库成本维护过滤条件"对话框中选择默认的过滤条件，单击【确定】按钮。

在过滤出的采购入库单中填入上面给出的相应的实验数据机箱单价 2 000 元/个，显示器 4 000 元/台，单击【保存】按钮。

(5) 采购入库单核算

组装电脑事业部会计杨静登录金蝶 K/3 Cloud 主界面，执行【成本管理】—【存货核算】—【存货核算】—【采购入库核算】命令，在向导页面录入表 10.3 所给实验数据后，单击【下一步】按钮。

核算完毕，单击向导页面的【核算列表查询】按钮联查入库成本数据。通过核算列表查询可以看到系统自动核算的结果，核对数据是否一致，如果一致，就可以退出当前界面。

实验 2 出库成本核算

1. 业务场景

出库成本核算是指根据物料的入库成本及期初余额，按照预先确定的计价方法核算其出库成本，方法主要有：加权平均法、移动平均法、先进先出法和个别计价法。

2. 操作人员

组装电脑事业部会计杨静。

3. 业务数据

(1) 出库成本核算选择范围信息，如表 10.4 所示。

表 10.4 出库成本核算选择范围信息

核算体系	法人核算体系	会计制度	最新
核算组织	组装电脑事业部	会计期间	1
会计政策	中国准则会计政策	出库核算前必做事项	简单生产入库成本

(2) 出库核算前进行简单生产入库成本维护，如表 10.5 所示。

表 10.5 简单生产入库成本维护信息

物料编码	物 料 名 称	存货类别	数量	单价	仓 库
核算组织	组装电脑事业部	会计期间	45	6 000	组装电脑事业部成品仓

4. 实验指导

(1) 出库成本核算

组装电脑事业部会计杨静登录金蝶 K/3 Cloud 主界面，执行【成本管理】—【存货核算】—【出库成本核算】命令，在向导页面根据表 10.4 所给的实验数据选择范围，如图 10.2 所示。

在【出库核算前必做事项】中选择“简单生产入库成本”后，进入【入库成本维护】标签页面，选择默认的过滤条件，单击【确定】按钮。

在【入库成本维护】标签页中录入表 10.5 所给出的实验数据，单击【保存】按钮，再返回到【出库成本核算】标签页单击【下一步】按钮，选择默认的参数设置，单击【下一步】按钮，系统自动进行核算，并弹出核算进度条。

等待核算全部完成后，在向导页面可以直接看到报表联查的链接。

值得注意的是，在【出库成本核算】选择范围页面，见图 10.2 左下角，有一个选项是

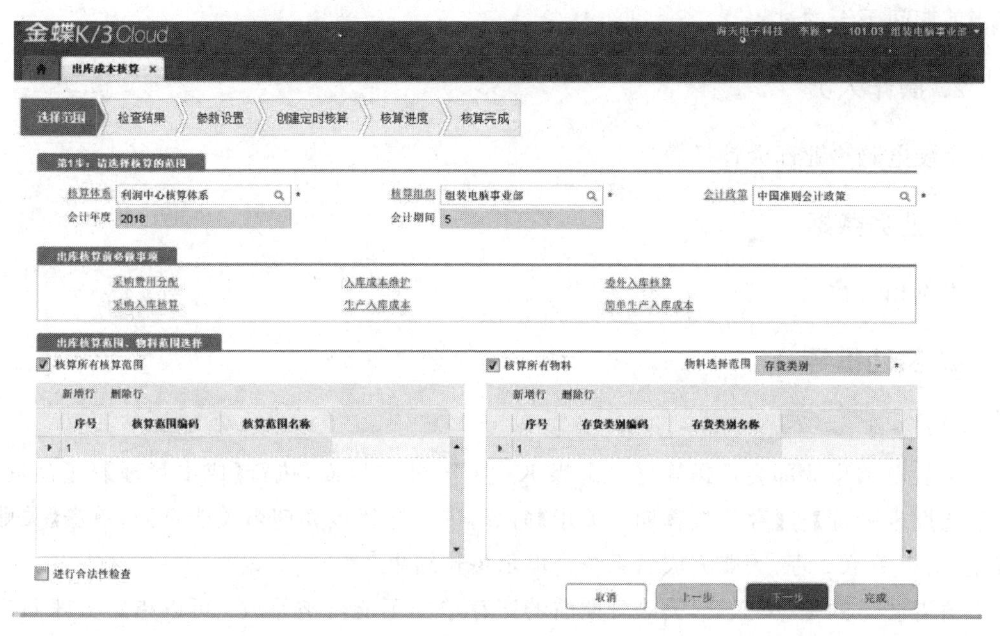

图 10.2 出库成本核算范围选择页面

“进行合法性检查”。勾选“进行合法性检查”选项，则：当所有的检查结果都为通过时，检查完毕，可以进行下一步操作；如果检查项“单据未包含在核算范围内”提示未通过，需要查看详细信息，检查单据的组织字段，联查核算范围基础资料，是否有组织未设置核算范围。处理完毕，重新进行“合法性检查”操作；如果检查项“核算单据审核状态”提示未通过，需要查看详细信息，根据提示的单据，进入相应的单据列表处理相关数据，处理完毕，重新进行“合法性检查”操作；如果检查项“入库序列单据单价小于等于 0”，则要检查对应的单据是否已经维护了入库成本，处理完毕，重新进行“合法性检查”操作。

（2）输出报表

在存货核算系统，可以根据管理需要输出相关报表：核算单据查询、存货核算汇总报告、存货核算明细报告、存货收发存汇总表、存货收发存明细表等。业务核算完毕后，在出库成本核算的出库成本核算完成页面，或者执行【成本管理】—【存货核算】—【报表分析】命令，进入报表分析页面，可以选择“存货收发存汇总表”等存货报表，查看所有对应报表的详细情况。

实验 3 存货核算系统关账与结账

1. 业务场景

存货核算系统一般可在本期的出库单据的录入和其他处理完毕后进行关账，存货核算的结账是截至本期核算单据的处理，计算本期的存货余额，并将其转入下一期，同时系统当前期间下至的过程。

2. 操作人员

组装电脑事业部会计杨静。

3. 业务数据

本例相关数据。

4. 实验指导

(1) 关账

组装电脑事业部会计杨静登录金蝶 K/3 Cloud 主界面，执行【成本管理】—【存货核算】—【期末处理】—【存货核算期末关账】命令，进入存货核算期末关账页面，单击【关账】按钮，结束关账处理，关账完成后系统会提示关账结果。

值得注意的是，关账后，关账日期前的库存单据不能再被修改；可以指定关账日期，关账日期大于等于库存启用日期和大于上一次关账日期。

(2) 结账

在上面存货系统关账成功后，组装电脑事业部会计杨静登录金蝶 K/3 Cloud 主界面，执行【成本管理】—【存货核算】—【期末处理】—【存货核算期末结账】命令，进入存货核算期末结账页面，单击【结账】按钮，结束结账处理，结账完成后系统会提示结账结果。

实训活动

活动要求

◆ 在安装有金蝶 K/3 Cloud 软件的实验室，恢复第九章的数据中心数据。

◆ 了解实验案例存货成本核算系统的参数设置和初始化等操作。

◆ 了解实验案例存货成本核算系统日常业务处理的流程和基本操作。

活动内容

◆ 进行实验模拟——存货成本核算处理。

◆ 实验 1　采购入库核算。

◆ 实验 2　出库成本核算。

◆ 实验 3　存货核算系统关账与结账。

活动评价

通过实训，结合教学大纲要求的教学时数，统计第十章的学习进度、熟练程度以及学习质量来做出评价。

本章小结

本章要重点了解存货成本核算系统的功能主要包括存货核算、成本调整、报表分析、账务处理和期末处理等，支持多工厂、多组织、多会计核算制度的业务处理。该系统结合供应链、生产制造、应收应付、资产管理、总账等系统，实现为企业提供精确成本分析的数据。

思考题

1. 存货系统包括哪六个基本业务环节？

2. 采购入库业务核算是指将采购物料或商品所发生的费用，按照核算规则计入对应物料或商品的入库成本中去的过程，其一般包括哪些步骤？

3. 出库成本核算业务是指根据物料的入库成本及期初余额，按照加权平均法、先进先出法等确定的计价方法核算出其出库成本的过程，其一般包括哪些步骤？如何操作？

4. 存货成本核算系统中，在核算完毕后，通常可以生成哪些报表可供企业管理使用？

报表系统

学习目标

- 了解海天电子科技有限公司的报表系统。
- 掌握金蝶 K/3 Cloud 软件之编制资产负债表、编制利润表、编制现金流量表的具体操作。

11.1 报表系统概述

财务报表平台，基于类 Excel 报表编辑器，通过快速报表向导、灵活的取数公式，帮助用户快速、准确地编制企业对外会计报表以及各类财务管理报表。

11.2 报表系统总体流程图

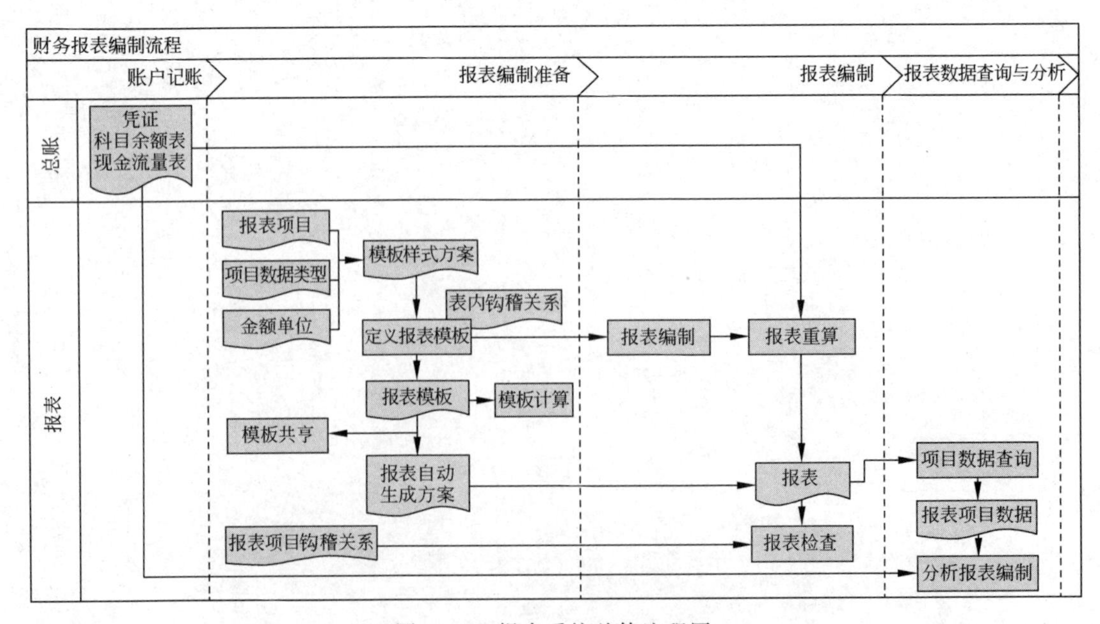

图 11.1　报表系统总体流程图

11.3 报表编制操作流程

序号	业务操作	责任人
1	基础数据准备 设置报表系统的基础数据：进入【财务会计】—【报表】—【基础资料】	成本会计
2	编制报表模板 新建报表模板：进入【报表】—【报表管理】—【报表模板编制】管理报表模板：进入【报表】—【报表管理】—【报表模板列表】	成本会计
3	编制报表 手工新建报表：进入【报表】—【报表管理】—【报表编制】 系统自动生成报表：进入【报表】—【报表管理】—【报表自动生成方案】 管理报表：进入【报表】—【报表管理】—【报表列表】	成本会计

11.4 实验模拟——报表编制

本章实验包括：

实验1 编制资产负债表

实验2 编制利润表

实验3 编制现金流量表

实验1 编制资产负债表

1. 业务场景

资产负债表是反映企业在特定时点的财务状况的主要会计报表。

2. 操作人员

信息管理员李颖负责报表模板的制作，海天科技公司会计李杰负责报表的编制。

3. 业务数据

(1) 新增报表项目

表11.1 报表项目信息

编号	1 000.01.01	1 000.01.04
名称	库存现金	应收账款
报表显示名称	库存现金	应收账款
项目类别	新会计准则	新会计准则

续表

父级项目	1 000.01	1 000.01
自定义属性	01 资产	01 资产
方向	借	借
取数来源	科目	科目
科目表	新会计准则科目表	新会计准则科目表
关系表达式	[1001]	[1122]

(2) 新增报表模板

表 11.2　资产负债表信息

编号	名称	周期	核算体系	所属组织	样式类型
01	资产负债表	月报	法人核算体系	海天电子科技总公司	固定格式

4. 实验指导

(1) 制作报表模板

① 基础资料设置

信息管理员李颖登录金蝶 K/3 Cloud 主界面，执行【财务会计】—【报表】—【基础资料】—【报表项目】命令，进入报表项目页面，单击【新增】按钮，进入报表项目新增页面，根据表 11.1 给出的实验数据录入，其中在录入科目表达式时，可以先选择科目，点击插入会计科目，如果需要运算再插入运算符进行运算，完毕后，单击【保存】按钮。

金蝶 K/3 Cloud 报表系统预设了比较全面的基础资料，如果预设中没有就可以新增或者修改。

② 新增报表模板

信息管理员李颖登录金蝶 K/3 Cloud 主界面，组织选择“海天电子科技总公司”，执行【财务会计】—【报表】—【报表管理】—【报表模板】命令，进入报表模板页面，单击【新增】按钮，进入报表模板新增页面，根据表 11.2 所给出的实验数据录入，单击【确定】按钮，完毕后，单击【保存】【提交】【审核】。

③ 编辑报表模板

信息管理员李颖在报表模板页面双击上面新增的资产负债表报表模板，进入报表编辑器选择页面，选择【点击打开】按钮(首次使用需要安装引导程序)，进入报表模板编辑器页面。

金蝶 K/3 Cloud 报表系统内置了资产负债表、利润表、现金流量表和所有者权益变动表等重要报表的固定格式的模板，需要编辑报表模板时可供调出编辑。

这里以“资产负债表”为例，在报表编辑器页面左下方的标签处(Sheet1)，右键选择插入表页，弹出插入表页页面，在【固定样式】标签下，选择“资产负债表”，单击【确定】按钮，在单元格中系统会自动填充资产负债表的报表项目、Item 公式和取数公式、项目数据类型等。

单击页面上方【开始】标签的【显示项目公式】和【显示取数公式】，查看各单元格的项目公式及取数公式。

如果打开“显示取数公式”页面，界面上会计科目所对应的期末数和年初数单元格中都是显示为公式，而不是金额，可以编辑。公式前面的“ACCT”为总账科目取数函数，是财务标准报表和金蝶报表函数。

这里以资产负债表资产的第一个项目“货币资金”为例，来说明资产负债表的报表项目编辑方法和参数的含义。如果是当前年份资产负债表，则货币资金的取数公式为 ACCT(“”,“1001:1012”, “Y”,“ ”,0,0,0)，其中括号中的参数分别代表取数账簿、科目、取数类型、币别、年度、起始期间和结束期间。上面公式括号里的第一个引号里可以录入账簿的会计年度，如 2017，若不选则系统默认为是当前年度的账簿。如果在引号里写入数值“0”，则表示当年账簿；写入“－1”，则表示账簿前一年；写入“－2”，则表示账簿前两年，以此类推。起始期间和结束期间是指会计期间，可直接录入＜起始期间＞和＜结束期间＞，若不选择则系统默认为账簿当前期。如果写入数值“0”，则表示账簿当前期；如果写入“－1”，则表示账簿上一期；如果写入“－2”，则表示账簿上两期，以此类推。

点击上方功能【数据】标签下拉菜单中的报表重算时，根据取数公式获取数据。

各参数取值顺序为：如果公式中各参数有值，则优先取公式中设置的值，如“账簿”先按取数参数中设置的账簿，为空时按第二优先级取参数；如果公式中参数为空，且【公式取数参数】未设置，各参数取报表属性。如当前组织为海天电子科技总公司，则账簿取对应的主账簿，币别取主账簿对应的币别，年度和期间取当前年度期间。

在实际进行报表编辑时，用户可以在【显示取数公式】中修改取数公式，也可以打开“fx”中的“ACCT”函数来修改取数公式。选中报表单元格，fx 区域会显示该单元格的取数公式，点击【fx】按钮可以打开报表函数界面，可在这里修改单元格取数公式，如果报表项目需要不同项目的加减，则可以通过 ACCT 函数的加减来实现。

编辑完成后，单击【保存】按钮，关闭报表编辑页面。返回金蝶 K/3 Cloud 页面，勾选上面完成编辑并保存好的报表模板，点击【提交】【审核】，执行【业务操作】—【共享】命令，进入请选择共享组织的页面，核算体系选择“法人核算体系”，勾选海天科技公司和销售公司，单击【确定】按钮，并对共享后新增的两个法人组织报表模板进行【提交】【审核】。

(2) 编制报表

① 新增报表

以销售公司会计张娜登录金蝶 K/3 Cloud 主界面，执行【财务会计】—【报表】—【报表管理】—【报表】命令，进入报表页面，单击【新增】按钮，进入报表新增页面，在报表模板中选择上面新增的报表模板“01”，报表日期选择“2018/5/31”，会计年度选择“2018”，期间选择“1”，币别选择“人民币”，金额单位选择“元”，单击【确定】按钮，完成报表新增工作。

② 报表重算

销售公司会计张娜双击上面新增的报表，进入报表编辑器选择页面，选择【点击打开】按钮，进入报表编辑器，单击【开始】标签下的【公式取数参数】按钮，设置取数账簿为“销售公司账簿”。在【数据】标签下，选择【重算报表】，保存重算后的报表，回到金蝶 K/3 Cloud 界面，【提交】【审核】重算后的报表，完成报表的编制。

实验 2 编制利润表

1. 业务场景

利润表是反映企业在一定时期经营成果的主要会计报表。

2. 操作人员

信息管理员李颖负责报表模板的制作，销售公司会计张娜负责报表的编制。

3. 业务数据

表 11.3 资产负债表信息

编号	名称	周期	核算体系	所属组织	样式类型
02	利润表	月报	法人核算体系	海天电子科技总公司	固定格式

4. 实验指导

(1) 制作报表模板

① 新增报表模板

信息管理员李颖登录金蝶 K/3 Cloud 主界面，组织选择为“海天电子科技总公司”，执行【财务会计】—【报表】—【报表管理】—【报表模板】命令，进入报表模板页面，单击【新增】按钮，进入报表模板新增页面，根据表 11.3 所给出的实验数据录入，单击【确定】按钮，完毕后，单击【保存】【提交】【审核】。

② 编辑报表模板

信息管理员李颖在报表模板页面双击上面新增的利润表报表模板，进入报表编辑器选择页面，选择【点击打开】按钮(首次使用需要安装引导程序)，进入报表模板编辑器页面。

在报表编辑器页面左下方的标签处(Sheet1)，右键选择插入表页，弹出插入表页页面，在【固定样式】标签下，选择“利润表”，单击【确定】按钮，在单元格中系统会自动填充利润表的报表项目、Item 公式和取数公式，项目数据类型等。

在打开的报表编辑器中可以编辑各取数公式，编辑完毕后，单击【保存】按钮，如果无需编辑，就采用系统默认的报表模板。

编辑完成后，单击【保存】按钮，关闭报表编辑页面。返回金蝶 K/3 Cloud 页面，勾选上面完成编辑并保存好的报表模板，点击【提交】【审核】，执行【业务操作】—【共享】命令，进入请选择共享组织的页面，核算体系选择"法人核算体系"，勾选海天科技公司和销售公司，单击【确定】按钮，并对共享后新增的两个法人组织报表模板进行【提交】【审核】。

（2）编制报表

① 新增报表

以销售公司会计张娜登录金蝶 K/3 Cloud 主界面，执行【财务会计】—【报表】—【报表管理】—【报表】命令，进入报表页面，单击【新增】按钮，进入报表新增页面，在报表模板中选择上面新增的报表模板"02"，报表日期选择"2018/5/31"，会计年度选择"2018"，期间选择"1"，币别选择"人民币"，金额单位选择"元"，单击【确定】按钮，完成报表新增工作。

② 报表重算

销售公司会计张娜双击上面新增的报表，进入报表编辑器选择页面，选择【点击打开】按钮，进入报表编辑器，单击【开始】标签下的【公式取数参数】按钮，设置取数账簿为"销售公司账簿"。在【数据】标签下，选择【重算报表】，保存重算后的报表，回到金蝶 K/3 Cloud 界面，【提交】【审核】重算后的报表，完成报表的编制。

实验 3　编制现金流量表

1. 业务场景

现金流量表是反映一定时期内（如月度、季度或年度）企业经营活动、投资活动和筹资活动对其现金及现金等价物所产生影响的财务报表。需要先对会计凭证进行现金流量的确认。

2. 操作人员

信息管理员李颖负责报表模板的制作，销售公司会计张娜负责现金流量的录入。

3. 业务数据

（1）录入现金流量

表 11.4　现金流量信息

凭证字	凭证号	科目名称	对方科目	主表/附表项目	本位币
现收	1	库存现金	1221.01-员工	—	5 000
现收	2	库存现金	1122-应收账款	—	80 000
……					
银收	1	银行存款	1121-应收票据	—	200 000
银收	2	银行存款	6602.01-工资	—	400 000

(2) 现金流量表信息

表 11.5 现金流量表信息

编号	名称	周期	核算体系	所属组织	样式类型
03	现金流量表	月报	法人核算体系	海天电子科技总公司	固定格式

4. 实验指导

(1) 录入现金流量

销售公司会计张娜登录金蝶 K/3 Cloud 主界面，执行【财务会计】—【总账】—【凭证管理】—【凭证查询】命令，进入凭证查询页面，输入过滤条件，选择账簿“销售公司”，会计年度为“2018”，期间为“1”，单击【确定】按钮，进入凭证查询页面，选择有现金流入流出的凭证，双击凭证，进入凭证修改页面。

单击页面上方【现金流量】标签，进入现金流量项目指定页面，单击【自动指定】按钮，根据表 11.4 所给实验数据录入(表 11.4 是省略表，实务中要把公司所有涉及现金流量的凭证都需要进行现金流量的录入)，其中总分类科目后有明细科目的，需要加载明细科目，比如：表 11.4 中的“现收 1”；凭证“银收 2”在录入现金流量项目指定时，需要录入附表项目，完毕后，单击【确定】按钮。

(2) 制作报表模板

① 新增报表模板

信息管理员李颖登录金蝶 K/3 Cloud 主界面，组织选择“海天电子科技总公司”，执行【财务会计】—【报表】—【报表管理】—【报表模板】命令，进入报表模板页面，单击【新增】按钮，进入报表模板新增页面，根据表 11.5 所给出的实验数据录入，单击【确定】按钮，完毕后，单击【保存】【提交】【审核】。

② 编辑报表模板

信息管理员李颖在报表模板页面双击上面新增的利润表报表模板，进入报表编辑器选择页面，选择【点击打开】按钮(首次使用需要安装引导程序)，进入报表模板编辑器页面。

在报表编辑器页面左下方的标签处(Sheet1)，右键选择插入表页，弹出插入表页页面，在【固定样式】标签下，选择“现金流量表”，单击【确定】按钮，在单元格中系统会自动填充现金流量表的报表项目、Item 公式和取数公式，项目数据类型等。

在打开的报表编辑器中可以编辑各取数公式，编辑完毕后，单击【保存】按钮，如果无需编辑，就采用系统默认的报表模板。

编辑完成后，单击【保存】按钮，关闭报表编辑页面。返回金蝶 K/3 Cloud 页面，勾选上面完成编辑并保存好的报表模板，点击【提交】【审核】，执行【业务操作】—【共享】命令，进入请选择共享组织的页面，核算体系选择“法人核算体系”，勾选海天科技公司和销售公司，单击【确定】按钮，并对共享后新增的两个法人组织报表模板进行【提交】【审核】。

（3）编制报表

① 新增报表

以销售公司会计张娜登录金蝶 K/3 Cloud 主界面，执行【财务会计】—【报表】—【报表管理】—【报表】命令，进入报表页面，单击【新增】按钮，进入报表新增页面，在报表模板中选择上面新增的报表模板“03”，报表日期选择“2018/5/31”，会计年度选择“2018”，期间选择“1”，币别选择“人民币”，金额单位选择“元”，单击【确定】按钮，完成报表新增工作。

② 报表重算

销售公司会计张娜双击上面新增的报表，进入报表编辑器选择页面，选择【点击打开】按钮，进入报表编辑器，单击【开始】标签下的【公式取数参数】按钮，设置取数账簿为“销售公司账簿”。在【数据】标签下，选择【重算报表】，保存重算后的报表，回到金蝶 K/3 Cloud 界面，【提交】【审核】重算后的报表，完成报表的编制。

实训活动

活动要求

- 在安装有金蝶 K/3 Cloud 软件的实验室，恢复第十章的数据中心数据。
- 了解实验案例报表系统的参数设置和初始化等操作。
- 了解实验案例报表系统日常业务处理的流程和基本操作。

活动内容

- 进行实验模拟——报表系统。
- 实验 1　编制资产负债表。
- 实验 2　编制利润表。
- 实验 3　编制现金流量表。

活动评价

通过实训，结合教学大纲要求的教学时数，统计第十一章的学习进度、熟练程度以及学习质量来做出评价。

本章小结

本章要重点了解报表系统能够通过快速向导和内置的取数公式，使用户迅速准确地编制企业对外的财务报表以及各类财务管理报表。通过函数能够与总账实现无缝连接，保证报表数据的及时和准确，为企业提供各种数据分析的需求。

思考题

1. 报表系统不涉及具体业务功能，其主要数据来源是什么？

2. 如何制作会计报表模板？

3. 以资产负债表的货币资金为例，如何调用系统内置报表，通过修改公式来编制新的会计报表？

4. 如何理解总账取数函数 ACCT 中的各个参数的含义？如果要取用非当期的会计数据，应该如何设置？

附录

各章思考题参考答案

参 考 文 献

[1] 傅仕伟,郑菁,郑泽超,陈大亮. 金蝶 K/3 Cloud 财务管理系统实验教程[M]. 北京：清华大学出版社,2017：51-53,65-70,77-80,95-100,131-135,195-201.

[2] 傅仕伟,陈婧婧,彭愕,李倩倩. 金蝶 K/3 Cloud 供应链管理系统实验教程[M]. 北京：清华大学出版社,2017：75-78,154-160,184-188,226-230.

[3] 傅仕伟,郑菁,陈婧婧,陈大亮. 金蝶 K/3 Cloud 会计信息系统实验教程[M]. 北京：清华大学出版社,2019：201-206.

[4] 金蝶国际软件集团有限公司. 金蝶 ERP＋成就"互联网＋企业"[R]. 2019.

[5] 金蝶软件(中国)有限公司. 财务云——数字化生存与管理重构[R]. 2019.

[6] 金蝶软件(中国)有限公司. 财务云——苍穹. 为企业成长而生系列[R]. 2019.

教学支持说明

▶▶课件申请

尊敬的老师：

您好！感谢您选用清华大学出版社的教材！为更好地服务教学，我们为采用本书作为教材的老师提供教学辅助资源。该部分资源仅提供给授课教师使用，请您直接用手机扫描下方二维码完成认证及申请。

任课教师扫描二维码
可获取教学辅助资源

▶▶样书申请

为方便教师选用教材，我们为您提供免费赠送样书服务。授课教师扫描下方二维码即可获取清华大学出版社教材电子书目。在线填写个人信息，经审核认证后即可获取所选教材。我们会第一时间为您寄送样书。

任课教师扫描二维码
可获取教材电子书目

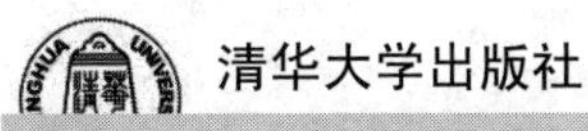

清华大学出版社

E-mail: tupfuwu@163.com
电话：010-83470332 / 83470142
地址：北京市海淀区双清路学研大厦B座509室
网址：http://www.tup.com.cn/
传真：8610-83470107
邮编：100084

财务会计（英文版·第11版）

本书特色

经典的财务会计教材，配有中文翻译版，课件齐全。

教辅材料

课件、习题库

书号：9787302561934
作者：[美]沃尔特·小哈里森 查尔斯·亨格瑞 威廉·托马斯 温迪·蒂兹
定价：115.00 元
出版日期：2020.9

任课教师免费申请

财务会计（第11版）

本书特色

经典的财务会计教材，配有英文影印版，教辅资源丰富，有中文课件。

教辅材料

课件、习题库、习题答案

书号：9787302508038
作者：[美]沃尔特·小哈里森 等 著，赵小鹿 译
定价：109.00 元
出版日期：2018.9

任课教师免费申请

数字财务

本书特色

内容前沿，案例丰富，四色印刷，实操性强。

教辅材料

教学大纲、课件

书号：9787302562931
作者：彭娟 陈虎 王泽霞 胡仁昱
定价：98.00 元
出版日期：2020.10

任课教师免费申请

财务会计学（第二版）

本书特色

体现最新会计准则和会计法规，实用性强，习题丰富，内容全面，课件完备。

教辅材料

教学大纲、课件

书号：9787302520979
作者：王秀芬 李现宗
定价：55.00 元
出版日期：2019.3

任课教师免费申请

中级财务会计（第二版）

本书特色

教材内容丰富，语言通俗易懂。编者均为教学第一线且教学经验丰富的教师，善于用通俗的语言阐述复杂的问题。教材的基本概念源于企业会计准则，比较权威，并根据作者的知识和见解加以诠释。

教辅材料

课件、习题

书号：9787302566793
作者：潘爱玲主编，张健梅 副主编
定价：69.00 元
出版日期：2021.11

任课教师免费申请

中级财务会计

本书特色

“互联网 +”教材，按照新准则编写，结构合理，形式丰富，课件齐全，便于教学。

教辅材料

教学大纲、课件

书号：9787302532378
作者：仲伟冰 赵洪进 张云
定价：59.00 元
出版日期：2019.8

任课教师免费申请

高级财务会计

本书特色

国家级一流专业、国家级一流课程建设成果、北京市优质教材、应用型本科教材，"互联网+"新形态教材，内容丰富，案例新颖，篇幅适中，结构合理，课件完备，便于教学。

教辅材料

课件

获奖信息

国家级一流专业、国家级特色专业建设成果

书号：9787302564621
作者：张宏亮
定价：59.00 元
出版日期：2021.11

任课教师免费申请

会计综合技能实训（第二版）

本书特色

应用性强、篇幅适中、结构合理、课件完备，便于教学。

教辅材料

教学大纲、课件

书号：9787302537885
作者：马智祥 郑鑫 等
定价：28.00 元
出版日期：2019.11

任课教师免费申请

企业会计综合实训（第二版）

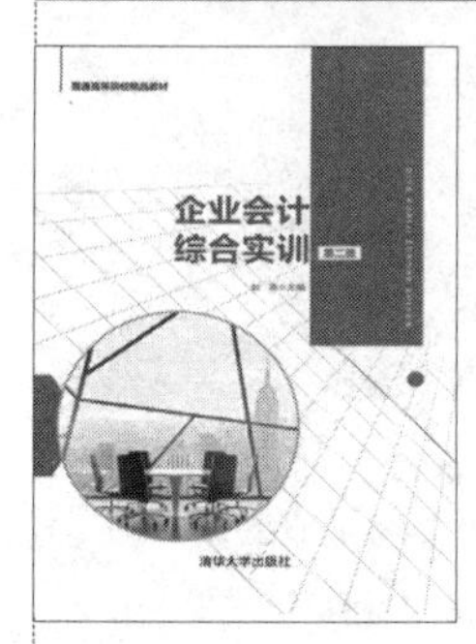

本书特色

定位高职，实用性强，案例丰富，课件齐全。

教辅材料

教学大纲、课件

书号：9787302571155
作者：刘燕 等
定价：20.00 元
出版日期：2021.1

任课教师免费申请

成本会计实训教程

本书特色

应用型创新实践实训教材，注重实际操作，有效提升会计操作技能，提供教学课件、数据和参考答案，方便教学和自学。

教辅材料

教学大纲、课件

书号：9787302571490
作者：徐梅鑫 余良宇
定价：45.00 元
出版日期：2021.1

任课教师免费申请

管理会计导论（第 16 版）

本书特色

全球最畅销管理会计教材，原汁原味地反映了最新的会计教育理念，无任何删减，教辅资料配套齐全，便于教学使用。

教辅材料

教学大纲、课件

书号：9787302487111
作者：亨格瑞 著，刘俊勇 译
定价：88.00 元
出版日期：2019.1

任课教师免费申请

管理会计实践教程

本书特色

"互联网+"教材，课件齐全，便于教学。

书号：9787302570394
作者：肖康元
定价：50.00 元
出版日期：2021.1

任课教师免费申请

管理会计

本书特色

"互联网+"教材，配套资源丰富，课程思政特色鲜明，增设在线测试题。

教辅材料

教学大纲、课件

书号：9787302574897
作者：高樱 徐琪霞
定价：49.00元
出版日期：2021.3

任课教师免费申请

会计信息系统（第二版）

本书特色

应用型本科教材，"互联网+"教材，郭道扬推荐，内容丰富，案例新颖，篇幅适中，结构合理，习题丰富，课件完备，便于教学。

教辅材料

教学大纲、课件、习题答案、试题库、模拟试卷、案例解析

书号：9787302553069
作者：杨定泉
定价：49.80元
出版日期：2020.6

任课教师免费申请

会计学教程（第二版）

本书特色

浙江大学名师之作，"互联网+"教材，畅销教材，习题丰富，课件完备。

教辅材料

教学大纲、课件、习题答案、试题库、模拟试卷

书号：9787302548881
作者：徐晓燕 车幼梅
定价：49.80元
出版日期：2020.6

任课教师免费申请

会计学（第三版）

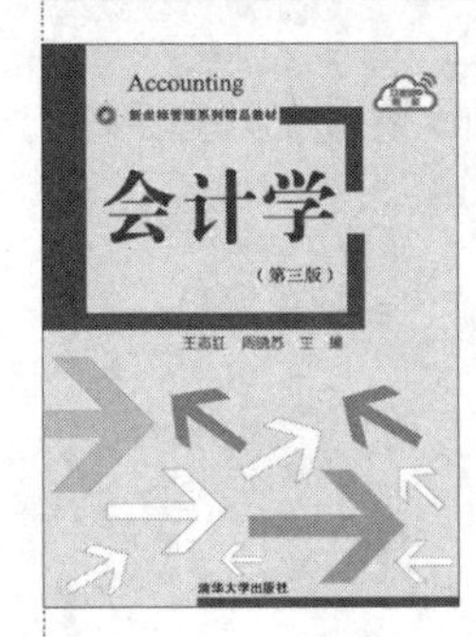

本书特色

畅销教材，按新准则升级，新形态教材，南开大学倾力打造，教辅齐全，形式新颖。

教辅材料

教学大纲、课件、习题答案

获奖信息

国家级精品课配套教材

书号：9787302536574
作者：王志红 周晓苏
定价：59.00元
出版日期：2019.9

任课教师免费申请

资产评估模拟实训

本书特色

"互联网+"教材，案例丰富新颖，教辅材料齐全，便于教学。

教辅材料

教学大纲、课件、习题答案、试题库、模拟试卷、案例解析、其他素材

书号：9787302558811
作者：闫晓慧 王琳 范雪梅 张莹
定价：52.00元
出版日期：2020.9

任课教师免费申请

会计学原理

本书特色

"互联网+"教材，应用型本科教材，内容丰富，案例新颖，篇幅适中，结构合理，习题丰富，课件完备，便于教学。

教辅材料

课件

书号：9787302527169
作者：何玉润
定价：59.00元
出版日期：2019.5

任课教师免费申请

基础会计学（第二版）

本书特色

应用型本科教材，内容丰富，案例新颖，篇幅适中，结构合理，课件完备，便于教学。

教辅材料

教学大纲、课件

书号：9787302545545
作者：李迪等
定价：48.00 元
出版日期：2019.12

任课教师免费申请

基础会计（第二版）

本书特色

刘永泽总主编，畅销教材，云南省精品教材，内容丰富，案例新颖，篇幅适中，结构合理，习题丰富，课件完备，便于教学。

教辅材料

教学大纲、课件、习题答案、试题库、模拟试卷

获奖信息

云南省精品课程配套教材

书号：9787302550846
作者：姚荣辉
定价：49.80 元
出版日期：2020.4

任课教师免费申请

基础会计实训教程

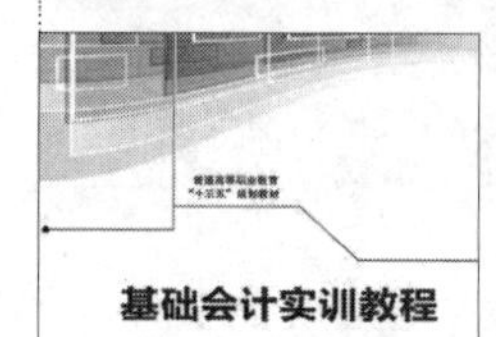

本书特色

应用型本科教材，内容丰富，案例新颖，篇幅适中，结构合理，课件完备，便于教学。

教辅材料

教学大纲、课件

书号：9787302520047
作者：李红萍
定价：45.00 元
出版日期：2019.1

任课教师免费申请

基础会计

本书特色

应用型本科教材，内容丰富，案例新颖，篇幅适中，结构合理，课件完备，便于教学。

教辅材料

教学大纲、课件

书号：9787302520030
作者：李红萍
定价：48.00 元
出版日期：2019.1

任课教师免费申请

审计学原理

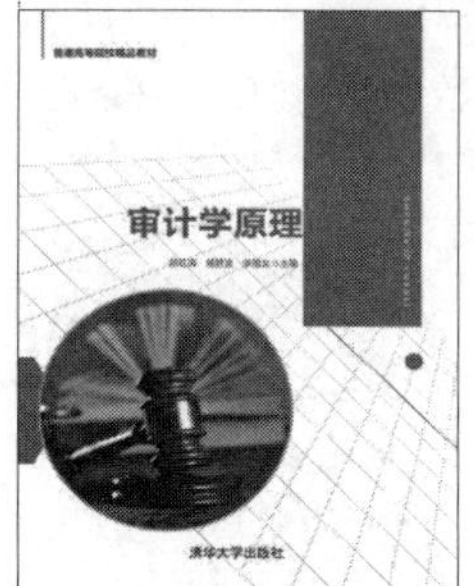

本书特色

定位高职，实用性强，案例丰富，课件齐全。

教辅材料

教学大纲、课件

书号：9787302556978
作者：祁红涛 等
定价：49.80 元
出版日期：2020.7

任课教师免费申请

审计学

本书特色

国家级一流专业、国家级一流课程建设成果，应用型本科教材，“互联网+”教材，内容丰富，案例新颖，篇幅适中，结构合理，课件完备，便于教学。

教辅材料

课件

获奖信息

国家级一流专业、国家级特色专业建设成果。

书号：9787302563396
作者：赵保卿 主编，杨克智 副主编
定价：69.00 元
出版日期：2021.1

任课教师免费申请

审计学（第二版）

本书特色

应用型本科教材，“互联网 +”教材，郭道扬推荐，内容丰富，案例新颖，篇幅适中，结构合理，习题丰富，课件完备，便于教学。

教辅材料

教学大纲、课件、习题答案、试题库、模拟试卷

书号：9787302553076
作者：叶忠明
定价：49.80 元
出版日期：2020.6

任课教师免费申请

税务会计（第三版）

本书特色

新形态教材，依据最新税收法规制度编写，配有丰富的教学资源。案例丰富，习题丰富，课件齐全。

教辅材料

课件、教学大纲、习题及答案、试题库、模拟试卷、案例解析、其他素材

书号：9787302556671
作者：王迪 臧建玲 马云平 华建新
定价：49.00 元
出版日期：2020.8

任课教师免费申请

银行会计

本书特色

根据最新会计准则编写，应用型高校和高职适用教材，案例丰富，结构合理，课件齐全。

教辅材料

课件

书号：9787302501008
作者：汪运栋
定价：57.00 元
出版日期：2018.6

任课教师免费申请

预算会计

本书特色

应用型本科教材，篇幅适中，课件齐全，销量良好。

教辅材料

教学大纲、课件

书号：9787302529064
作者：王悦 张南 焦争昌 赵士娇 刘亚芬 隋志纯 赵玉荣
定价：49.00 元
出版日期：2019.6

任课教师免费申请

新编政府与非营利组织会计

本书特色

“互联网 +”教材，配套资源丰富，增设在线测试题。

教辅材料

教学大纲、课件

书号：9787302558729
作者：董普 王晶
定价：49.00 元
出版日期：2020.7

任课教师免费申请

商业伦理与会计职业道德

本书特色

时效性强，名师佳作，配套资源丰富，课程思政特色突出。

教辅材料

教学大纲、课件

书号：9787302557807
作者：叶陈刚 叶康涛 干胜道 王爱国 李志强
定价：49.00 元
出版日期：2020.7

任课教师免费申请

高新技术企业账务实操

本书特色

搭配用友新道软件，定位高职，实用性强，案例丰富，课件齐全。

教辅材料

教学大纲、课件

书号：9787302562771
作者：杨彩华 吴凤霞
定价：49.00 元
出版日期：2020.10

任课教师免费申请

现代商贸企业账务实操

本书特色

搭配用友新道软件，定位高职，实用性强，案例丰富，课件齐全。

教辅材料

教学大纲、课件

书号：9787302553618
作者：石其彪
定价：49.00 元
出版日期：2020.8

任课教师免费申请

会计学（第二版）

本书特色

新形态教材，实操性强，案例丰富，配有大量教学资源。

教辅材料

教学大纲、课件、习题答案、试题库、模拟试卷、案例解析、其他素材

书号：9787302588375
作者：闫晓慧、王琳、范雪梅、张莹
定价：59.80 元
出版日期：2021.8

任课教师免费申请

成本管理会计（第 2 版）

本书特色

最新改版，应用型本科教材，互联网 + 教材，习题丰富，课件齐全。

教辅材料

教学大纲、课件、习题答案、试题库、模拟试卷、案例解析

书号：9787302548379
作者：肖康元
定价：59.80 元
出版日期：2020.6

任课教师免费申请

会计学

本书特色

厦门大学名师大作，“互联网 +”教材，权威、畅销教材，内容结构合理，习题配套丰富，课件齐全，非常便于教学。

教辅材料

教学大纲、课件、习题答案、试题库、模拟试卷

书号：9787302487470
作者：刘峰
定价：39.00 元
出版日期：2019.6

任课教师免费申请

财务会计学（第二版）

本书特色

体现最新会计准则和会计法规，实用性强，习题丰富，内容全面，课件完备。

教辅材料

教学大纲、课件、习题答案、试题库

书号：9787302520979
作者：王秀芬 李现宗
定价：55.00 元
出版日期：2019.3

任课教师免费申请